超级彩图馆

REN YISHENG YAO QU DE 100 GE DIFANG

人一生要去的100个地方

2

黄澈 / 编

中国华侨出版社

Yazoo City
Bastrop
Canton
Monroe
Tallulah
Vicksburg
Jackson
MISSISSIP
Hazlehurst
Magee
Tullos
Collins
Ferriday
Brookhaven
Natchez
Monticello
N
Columbia
exandria
McComb
W
E
Bunkie
Bogalusa
Ville Platte
S
Picayune
Opelousas
Baton Rouge
Slidell
Lafayette
New Iberia
New Orlea
Metairie
Chalmette
Franklin
Thibodaux
Morgan City
Houma
Marsh I

目　录

CONTENTS

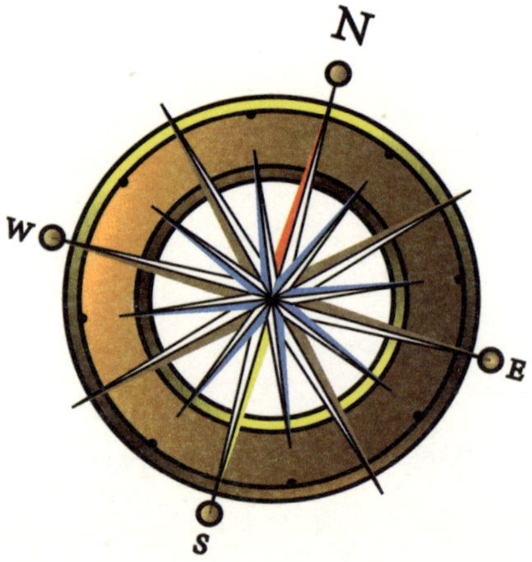
N
W
E
S

欢愉忘忧的人间天堂

日内瓦/拉斯维加斯/悉尼/苏州/杭州/厦门/昆明/大理/三亚/夏威夷/迪士尼乐园/昆士兰海滩/挪威海岸/北戴河/西双版纳/泸沽湖/周庄/香格里拉/张家界/九寨沟/呼伦贝尔草原/日月潭/大堡礁

和平之都
——日内瓦

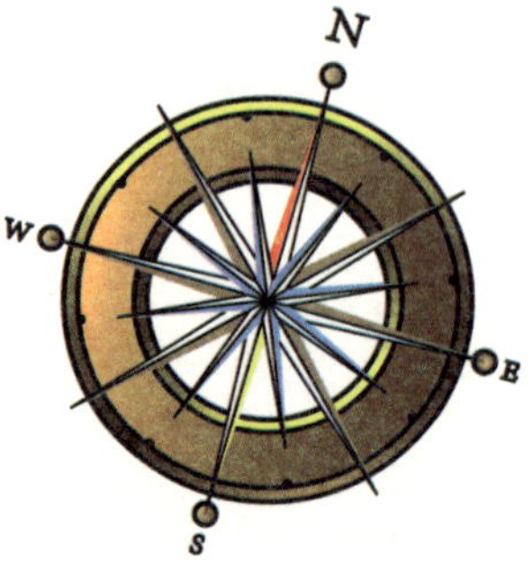

★必去理由 几乎每一个地方都美轮美奂

★适宜季节 四季皆宜　★适宜人群 崇尚和平、热爱大自然和体育的人士

日内瓦之美，已无须赘言。她的幽雅、闲情、自然、运动和文化交织在一起，让您不由得放慢脚步，舒展着全身的细胞，去感受与夏威夷那海岛风情全然不同的美丽。

世界的日内瓦

日内瓦可能是我们这个星球上知名度最高的城市之一。它位于西欧最大的湖泊——美丽的日内瓦湖之畔，法拉山和阿尔卑斯山近在眼前。市内公园星罗棋布，湖畔鲜花遍地，美不胜收。日内瓦是一个历史悠久的国际都市，以其深厚的人道主义传统、多彩多姿的文化活动、重大的会议和展览会、令人垂涎的美食、清新的市郊风景以及众多的游览项目和体育设施而著称于世。日内瓦人注重与大自然的和谐，城里的各种建筑、景观与环境大多完美地融为一体。在大自然中开展体育活动的方式是多种多样的：在罗纳河和莱蒙湖上游泳嬉戏；在郊外骑马、骑自行车或散步；在邻近的阿尔卑斯山区或法拉山区滑雪，等等。无论是攀登峭壁，还是在空中翱翔，或在湖中游泳，对热爱大自然和体育的人来说，日内瓦实在是最理想的地方。

⊙ 日内瓦

日内瓦以其作为世界著名的重要会议举办地而闻名于世，可以说日内瓦是全世界的交汇点。每年，数以百计的会议、展览和庆祝活动在这里举行，吸引了各国来客。同时，有大约200多个国际组织及许多人道主义机构设在日内瓦，其中包括联合国驻欧洲总部、国际劳工组织、万国红十字会、童子军总部、妇女和平自由联盟，等等，可谓是一个国际政治、经济及文化中心。国际上一些热点地区的和平谈判的举行、和约的缔结、多边国际合作的开展大都与日内瓦有关。在人们印象中，日内瓦是一个飘满和平橄榄枝的地方，因此，日内瓦已被世人誉为“和平之都”。作为瑞士境内的重要城市，日内瓦也是世界钟表之都，钟表业与银行业成为日内瓦的两大经济支柱。

花园城市——上帝宠爱的地方

日内瓦除了有重要的国际地位外，也是一座用山光、水色、彩花、绿树织成的美丽都市。坐落在美丽的欧洲乡间，四周青山环绕，和平静辽阔的日内瓦湖相拥，而雄伟的阿尔卑斯山绵延在地平线上。日内瓦以群山和花园为巢，隆河（Rhone）有如一条碧罗带穿城而过，仿佛仙女身上的碧绿绸，俏丽飘逸。勃朗峰雄峙于东南，侏罗山伫立于西北，皑皑雪峰为已是秀美的风景更添风采，加上湖滨公园的绿树繁花，令这个依山面湖、绿川环流、烟岚交映的都市美得像一首诗。

静静的罗纳河穿城而过，湖与河的汇合处，由数座桥梁连接着南北两岸的老城和新城。山丘上的老城区古朴典雅的建筑群与新城区现代化的楼房形成了鲜明的对照，清晰地反映出这个中世纪古老的小城发展成为一座现代化国际都市的辉煌历程。圆卵石铺成的街道，窄窄弯弯地向前延伸着，仿佛是一只默默伸出的手臂，要把你带向上一个世纪的童话中。无论是身置老城或新城中，无论是在郊区还是旅游景点，呈现在你面前的都是一个鲜花盛开、风景如画的美丽城市。

万国宫

万国宫又名国联大厦，是瑞士日内瓦的著名建筑，位于日内瓦东北郊的日内瓦湖畔，与巍峨的阿尔卑斯山遥遥相望。

万国宫是联合国日内瓦总部所在地，于1929年在一座名为“阿里娅娜公园”的庄园上奠基，1931年开工，1937年完工。这是一座规模庞大的建筑群，由4 座宏伟的建筑组成，中央是大会厅，北侧是图书馆和新楼，南侧是理事会厅，连同花园、庭院，总占地面积为2.5 平方千

⊙ 莱蒙湖

米。站在万国宫窗前，可以看到莱芒湖上那个水柱达40层楼高、有百年历史的人工喷泉，景色蔚为壮观。万国宫的建筑风格很有“万国特色”，大街外部用的是意大利的石灰、华河罗讷河及侏罗山的石灰石，内部用法国、意大利和瑞典产的大理石，棕麻地毯则产自菲律宾……而且各成员国捐献的装饰和陈设物品也让文化的多元化得到了充分的反映，细细欣赏品味，犹如走进了一个微缩的“世界文化大观园”。

万国宫是联合国许多机构所在地，是召开重要国际会议的地方。这里有3900 名常驻国际官员，每年要举行近8000 个会议。虽然门前有联合国警察站岗，但万国宫是允许游人参观的，因此，来自世界各地的游客终年络绎不绝。

如梦莱蒙湖

从莱蒙湖畔远望，可以看见环抱这座城市的阿尔卑斯山和汝拉山脉白雪皑皑的群峰——勃朗峰的雪顶，烟波浩淼的莱蒙湖，终年蓄满了高山雪水，清澈如镜。湖中，一把闪光的长剑直冲云天，喷出145米高的银色水柱，然后化为扇形细雨倾泻湖中，这便是具代表性的日内瓦人工喷泉。丽日晴天，宽阔的湖面上碧波荡漾，扬着彩帆的帆船、游船、游艇川流不息，天鹅、海鸥、野鸭成群，游荡嬉戏，生机盎然。莱蒙湖两岸有活水公园、玫瑰公园、英国公园、珍珠公园和植物园，园内古树参天，各种花卉争奇斗艳，游人可以免费到公园散步。湖滨小道两旁绿树浓荫。湖两岸的宾馆和山丘上鳞次栉比的各式

豪华别墅倒映在水中。莱蒙湖的人工美与自然美相映生辉，无与伦比。穿过汝拉山曲折的小路，便到了山顶。越过古老的城墙，威严的圣彼得大教堂便呈现在你的眼前了。

每年4月到10月间，坐落于市内各处的露天咖啡座，是日内瓦最富有人文气息的地方。只见一座座露天咖啡馆高朋满座、人声沸腾，不要说是观光客的蜂拥而至，就连当地人也不会错过这个与阳光亲密接触的好机会。入夜，各大餐厅中衣香鬓影、杯觥交错的情景，则是日内瓦最具法国风韵的时刻，饮着瑞士自酿的葡萄酒，享受着颇有法国风味的瑞士美食，此情此景，又岂是“浪漫”二字可以形容的呢？

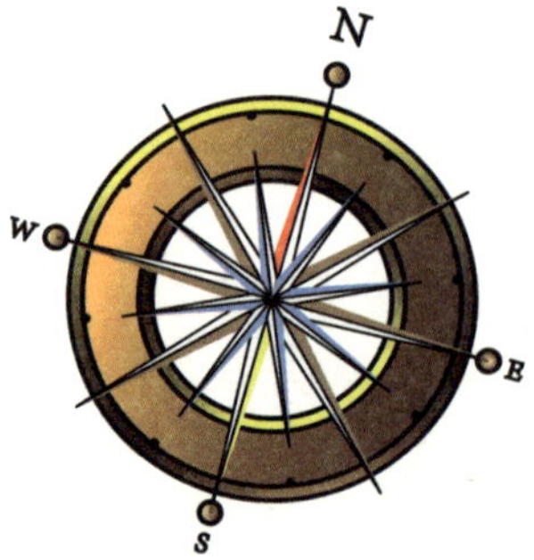

豪赌世界不夜城
——拉斯维加斯

★必去理由 世界赌城，美国最光怪陆离和最具魔力的城市

★适宜季节 四季皆宜 ★适宜人群 嗜好赌博和追求浪漫、刺激生活的人

世界上最豪华的不夜城，在这里你可以享受一掷千金的快意，也可以合法地在一瞬间成为巨富，并可以欣赏到世界最顶级的明星表演。

很少有人没有在电影、电视上见过赌场和赌徒：沸反盈天的气氛，一群满脸油汗的汉子盯住一双急速晃动的手，眼珠子瞪得溜圆，嘴里不清不楚近乎歇斯底里地叫着。突然，“啪”一声响，所有的声音瞬间静止，死寂！接着，天地间的一切声响又全部爆发。有人捂脸，有人狂笑，有人呆若木鸡，有人火急着去扒拉桌上已经属于自己的银子……

时光流转到今日，赌博因其危害性已经在国内被明令取缔。然而，在国外某些特别的地方，赌博还具备合法性；不但具备合法性，而且还成为一个城市甚至一个地方的经济增长点。

美国的赌城拉斯维加斯就是这样一个特别的地方。拉斯维加斯位于内华达州南端，是克拉克县首府，不过更大的名头是驰名世界的大赌城。

拉斯维加斯之名源于西班牙语“丰美的草场”。相传19世纪末，从美国犹他州迁来的移民在这里的山谷中掘出了甘美的泉水。不少人闻名而至，这里很快发展为牧场。可是，人们很快又发现，这里的土地并不肥沃，根本不可能形成“天苍苍，野茫茫，风吹草低见牛羊”的千里牧场。经济萧条的状况持续多年后，人们为了摆脱困境，决心通过赌博业来碰运气。因为当时人们的心态正和赌徒一样，怀着的也正是赤贫赌徒那种“空手套白狼”的侥幸心理。确切说，当地人民正是赌城最早的一批赌徒。

⊙性感明星玛丽莲·梦露在赌城拉斯维加斯演出。

1931年，拉斯维加斯的赌博业正式获取法律保护，拥有了合法地位。从此，世界各地的赌徒蜂拥而至，赌博业开始成为拉城的一大经济支柱。举例为证：第二次世界大战时，城中人口尚仅1万，到1980年时便已剧增至16.5万人，而且成了年平均接待游客2000万人的畸形繁华城市。

既然是赌城，就少不了赌场和赌具，就得有赌城的气派。250家赌场和6万多台“老虎机”昼夜不停，几乎比上帝还要繁忙，这使拉斯维加斯成为世界上最豪华的不夜城，其气派风头丝毫不逊于摩纳哥的“世界赌城”蒙特卡洛。大批赌徒的涌入使此地永不缺乏经济发展的潜力和

WELCOME
TO Fabulous
LAS VEGAS
NEVADA

后劲；当然，也有不少人纯粹是来赌城看热闹的。1980年，赌城从赌博业中赚取了高达14.4亿美元的利润。

为了“回报顾客”，拉斯维加斯也大费了一番周章，创建了很多夜总会和大饭店，无比豪华。夜总会老板为了赚钱——赌徒在输光以前往往是很有钱的，赚饱之后当然更有钱——不惜挖空心思花重金聘请超级明星出场，不少明星的出场费高得让人目眩。

当然，赌博业及其他设施的配置也拉动了旅游业的发展，赌城现已成为内华达州旅游业最兴旺的三个地方之一，和里诺、塔霍湖并列，每年慕名来此观光的游客现已多达2800万。

赌博并无任何好处，但观察一下赌徒的表现却未尝不可，而且还可以作为反面教材，防患于未然。另外，赌城的其他娱乐场所也确实不错，想体验一下的话不妨试试。不过，千万要记住，只需带必要的花销就够了。

澳大利亚第一名城——悉尼

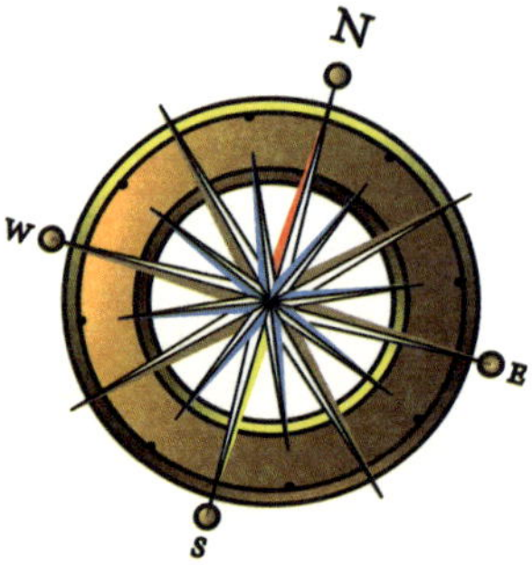

★必去理由 著名的度假、疗养胜地

★适宜季节 11月~次年3月 ★适宜人群 老幼皆宜

在18世纪中期，远处澳大利亚的悉尼还是一个不为人知的地方。1780年，当殖民者开普敦·库克宣布占领澳大利亚的时候，悉尼的命运也随之改变。在强烈的外来殖民文化的侵蚀下，当地文化一步步地失去原有的阵地，而悉尼也逐渐变为殖民者的流放地，从而成为欧洲大陆在大洋洲延伸的新天地。1788年，来自英国的第一批移民在此登陆并定居下来，悉尼从此成为澳大利亚的发源地。

澳大利亚最早和最大的城市，新南威尔士州首府，以优良港湾及所处澳大利亚东南沿海的战略地位著称，也是南太平洋最重要的港口之一。城市建在一个有无数港汊的大海湾周围的众多丘陵上，占有突出位置的是悉尼海湾大桥和歌剧院的整体建筑——此桥是世界上最大单孔桥梁之一。悉尼以其作为大港口的历史及其作为澳大利亚主要国际航线终点所处的地位，是澳大利亚唯一具有真正国际气氛的城市。

20世纪60年代开始的迅速发展已经改变了市中心的面貌，如今的悉尼已经成为一个功能完备、设施齐全、经济发达、风景迷人的著名城市。悉尼的最大资产是它的气候及自然环境。它安详地偎依在澳大利亚的东海岸，豪克斯贝利河从它的北部流过，南部则环绕在植物港及其他海口之间，而黄金海岸及未受破坏的灌木林更增添了它的美丽。市里星罗棋布地分布着40多个美丽的海滩，其中邦迪、桑戈、塔玛亚玛是最著名的。悉尼市温度适宜、四季如春，每天甚至一年之内的温差都很小，最热月平均气温22℃，最冷月平均气温11.9℃。这使得悉尼自然而然地成为度假、疗养胜地。金光闪耀、白帆逐浪的海港，细腻迷人的海滩和阳光充沛的地中海气候，街道处处野芳幽香，佳木秀丽，海鸥盘旋。

除了优秀的天赋环境之外，悉尼还有许多显著的人工添加的特色，其美丽的建筑物、休闲的生活方式和具有多元文化的人口都为悉尼带来独有的蓬勃生机。有19世纪存留下来的漂亮的大楼以及少数几处当代的杰出建筑物，其中包括设计得灿烂辉煌的歌剧院。悉尼有一条豪华的街道——麦夸里大街，从海德公园起一直通到歌剧院，大街两旁排列着19世纪和20世纪的所有重要的政府大楼。距市中心往南往北各40千米

⊙ 悉尼歌剧院外景

悉尼歌剧院已经成为悉尼市的标志性建筑。

处各有一座美丽的国家公园。在这两座公园里，“霍克斯堡砂岩”天然灌木丛景色最为美丽，并且是该地区野生动物的一个保护区。砖砌的房屋、烟囱林立的街道，尤其在罗福特街，以及靠山地区的长屋居民阳台上的种种装饰，像花边织网似的典雅的组合，都将悉尼装点得如诗如画。

西自蓝山山脉向东伸展到太平洋，北从麦夸里湖南岸向南伸展到植物学湾以南，这个地区大约有1/3为城市区，却有90%以上人口居住在这里。悉尼是英国人建立的，至今悉尼公民中占最大比例的仍然属于英国人血统。两个最大的基督教教派是英国圣公会和罗马天主教，各有自己的教堂，但现在的悉尼除拥有许多基督教教堂外，也有一些犹太教

⊙ 悉尼海港大桥

⊙ 悉尼圣玛丽大教堂

会堂以及佛教徒的寺庙。

悉尼港不仅风景优美，而且功能完善。作为澳大利亚最大的港口之一，这里的工业很发达，建有许多造船厂、炼油厂、纺织厂，汽车、电子、化学等工业也很兴旺。这里的商业发展兴盛，主要输出商品有毛织品、小麦和肉类等，这些出口商品中的大部分都是在新南威尔士州的乡下田园中产生的，而悉尼正是新南威尔士州的首府。同时，悉尼是澳大利亚重要的经济文化中心，也是整个大洋洲最重要的金融中心。悉尼的地理位置使其成为全球主要外汇市场中每天最早开始交易的市场。从近年来的情况看，在东京和香港市场开市之前，悉尼市场大都比较平静，交易量不大。但如果前一个周末发生了重大事件，那么悉尼市场往往会在周一开市后作出迅速的反应，汇率发生大幅变化。悉尼市场上的主要交易品种为澳大利亚元兑美元、新西兰元兑美元以及澳大利亚元兑新西兰元的交叉盘交易。

悉尼已有一些铁路从市中心通往某些郊区。在两次世界大战之间，这个辐射状的郊区铁路系统实现了电气化。1932年，海港大桥完工之后，北岸便可经过铁道与市内直接相通。1971年在市中心的马丁广场创立了一处步行市场。供国际和国内共用的主要机场设在市区以南的植物学湾海岸上的马斯科特。1979年，地上和地下铁道的支线工程全部完成，从而通到了东部各近郊区。

悉尼首先是一座供体育娱乐的城市。世界上没有几座大城市能像悉尼一样，为游泳、冲浪、赛帆船以及其他各项室外运动提供如此无与伦比的机会。大都市区内有三所大学：悉尼大学、新南威尔士大学和麦夸里大学。该市有一所优秀的公共图书馆，几处博物馆（包括藏有国家最多的自然收集品的澳大利亚博物馆），还有新南威尔士美术馆以及许多收藏当代澳大利亚美术品的私人美术馆。歌剧院建在海湾上的一个优美处所，三面环水，院内设有一个供悉尼交响乐团用的音乐厅，一个供歌剧和芭蕾舞演出的大剧场，一个较小的演戏的剧场。在歌剧和芭蕾舞方面，舞蹈团也已赢得了国际声誉。悉尼拥有几家小电影制片厂。1984年建立了一座有5000个座位的大型娱乐中心，用于举办通俗音乐会和戏剧演出。悉尼已是一座能提供可与任何大城市相比的各项服务和各种娱乐的大城市。

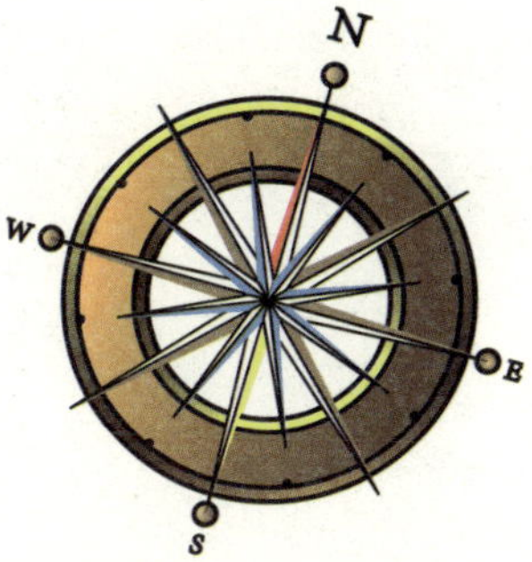

中国古典园林的典范——苏州

★必去理由 江南园林甲天下，苏州园林冠江南

★适宜季节 4月～10月 ★适宜人群 喜爱游山玩水、品题字画的怀旧者

苏州素有“东方威尼斯”的美誉，但与威尼斯比较起来，更多一份玲珑雅致。小雨初歇，云霁不开。处处水逸草青、浓翠欲滴，青石板路无风亦无尘。这个江南小城犹如古装仕女般文静娉婷，其园林艺术，更是世界园林建筑的典范。

苏州园林

上有天堂，下有苏杭。苏州乃“园林之城”，素以众多精雅的园林名闻天下。苏州古典园林以私家园林为主，起始于春秋，历史绵延2000余年。以中国画写意山水的高超艺术手法，展示了东方文明的造园艺术典范。

苏州园林位于江苏省东南部的苏州市。其历史可上溯到春秋战国时的吴王园囿。西汉、三国时的统治者也都曾在这里兴建园林。而最早见于记载的是东晋的辟疆园，当时号称“吴中第一”。南宋时期，江南的私家园林十分兴盛，集中出现在苏州、杭州、扬州、湖州一带，而以苏州的园林最多。

⊙ 苏州拙政园

苏州园林极尽人智，举世闻名。园林占地面积小，多不过三四亩地，但是在这方寸之间，却采用不拘一格的艺术手法，以中国山水花鸟的情趣意境，在有限的空间内点缀假山、树木，安排亭台楼阁、池塘小桥，以景取胜，景因园异，小中可以见大，被称为“无声的诗，立体的画”。徜徉其中，如品诗，如赏画，可得到视觉与心灵的双重享受。

根据记载，苏州城内有大小园林将近200处。其中沧浪亭、狮子林、拙政园和留园分别代表着宋、元、明、清四个朝代的艺术风格，被称为苏州“四大名园”。其中，拙政园独享“江南名园精华”的盛誉。

沧浪亭 位于苏州城南三元坊内，始建于北宋，是苏州园林中最古老的一座园林。沧浪亭简洁古朴，落落大方，不以工巧取胜，而以自然为美。未进园门便设一池绿水绕于园外。园内以山石为主景，迎面一座土山，沧浪石亭便坐落其上。山下凿有水池，山水之间以一条曲折的复廊相连，廊中砌有花窗漏阁。假山东南部的明道堂是园林的主建筑，与明道堂东西相对的是五百名贤祠。园中最南部的是建在假山洞屋之上的看山楼，看山楼北面是“翠玲珑馆”，再折而向北到“仰止亭”，出“仰止亭”可到“御碑亭”。沧浪亭清幽古朴，适意自然，如清水芙蓉，洗尽铅华，无一丝脂粉气息。

狮子林 位于苏州市区园林路。苏州四大古名园之一，具有鲜明的元代园林建筑风格。园内假山遍布，长廊环绕，楼台隐现，曲径通幽，有迷阵一般的感觉。长廊的墙壁中嵌有宋代四大名家苏轼、米芾、黄庭坚、蔡襄的书法碑及南宋文天祥《梅花诗》的碑刻作品。

留园 位于苏州市阊门外，始建于明代。在苏州园林中其艺术成就颇为突出，以严谨布局、高雅风格、丰富景观被评为“吴中第一名

⊙ 苏州沧浪亭面水轩

⊙ 苏州留园

园”。 全园分为中、东、西、北四区。中部是全园的精华所在，以山水为主景，水立于中央，池水西、北两侧，假山石峰屹立，池水东、南两侧，楼、廊、亭、轩错落，形成鲜明的对比。东部以建筑为佳，重檐叠楼、曲院回廊是其突出的一组建筑群。西部是自然风光，颇多野趣。北部是田园景色，别有风味。

网师园　位于苏州城东南十全街，始建于南宋时期（1127 ~ 1279年）。网师园的大小还不及拙政园的六分之一，是苏州最小的园林，但其小中见大，布局严谨，主次分明又富于变化，建筑虽多却不见拥塞，山池虽小，却不觉局促，被认为是苏州古典园林中以少胜多的典范。全园分东、中、西三部分。东部为住宅区，前后三进，屋高宇敞，内部装饰雅洁，外部砖雕细腻。中部是园景区，以池水为中心，池水明净，天光山色、亭阁花木的倒影清晰地从中映现出来，形成了虚实对称的美景。西部建有小型庭院，精巧且古雅。

退思园　位于江苏吴江市同里镇东溪街，始建于清光绪十一年至十三年（1885～1887年）。此园一改以往园林的纵向结构，而变为横向建造，左为宅，中为庭，右为园。全园简朴淡雅，水面过半，建筑皆紧贴水面修筑，园如浮于水上，是全国唯一一处贴水园建筑，体现了晚清江南园林建筑的风格。

耦园　位于苏州市内仓街小新巷7号，始建于清代初。耦园三面临河，一面沿街，以四进厅堂的宅地为中心，东西两园与住宅之间以重楼相通。黄石假山是耦园最为著名的景观，堆叠自然，位置恰当，陡峭峻拔，气象雄浑，为苏州园林黄石假山中较为成功的一座。

艺圃　位于苏州市阊门内天库前文衙弄5号，始建于明代。园内景致开朗，风格质朴，较好地保存了建园初期的格局，具有很高的历史与艺术价值。全园采

⊙ 拙政园见山楼

用池水、石径、绝壁相结合的手法，取法自然而又力求超越自然，是明清时期苏州造园家最为常用的布局技法。

拙政园　位于苏州娄门内的东北街，是苏州最大的一处园林，明正德年间（1506～1521年）由御史王献臣所建，具有浓郁的江南水乡特色。虽经几百年的沧桑变迁，至今仍保持着平淡疏朗、旷远明瑟的明代风格，被誉为“中国私家园林之最”。拙政园布局主题以水为中心，池水面积约占总面积的五分之一，各种亭台轩榭多临水而筑。全园分东、中、西三个部分。中部山水明秀，厅榭典雅，花木繁茂，是全园的精华所在，远香堂是其主体建筑。西部水廊逶迤，楼台倒影，清幽恬静，十八曼陀罗花馆和三十六鸳鸯馆是其主体建筑。东部平岗草地，竹坞曲水，空间开阔。

环秀山庄　位于苏州景德路262号，原为五代钱氏金谷园故址，几经易手，多次扩建，清道光始称环秀山庄，又名颐园。园虽小，却极有气势。造园家移天缩地，叠石造山，将湖山、池水、树木、建筑融为一体，佳景层出不穷。

桃花坞里桃花庵

江南四大才子之一的唐伯虎，在许多影视剧的演绎之下，早已失却了本来面目。他那擎着酒杯醉卧花丛间的形象，原本是怀才不羁的文人写照，却成了插科打诨的段子。在苏州曲曲折折的陋巷中去寻找一个500年前的诗魂，也只是想一窥他的本来面目。

桃花坞里桃花庵，桃花庵下桃花仙。自号“六如居士”的唐寅，精研佛学，不事功名，连故居也还是隐藏在高屋华厦背后的破屋陋巷之中。苏州的小巷狭窄，两边的房屋也低矮。这儿一拐，那边一折，要找到目的地，着实费了一番工夫。终于找到了一个现在是版画社的“准提庵”，墙壁斑驳，瓦片残破，看得出的确有些年代了，又在一个荷花池塘边看到一块石碑，上有“唐寅故居遗址”几个字，唐伯虎的故居，就只剩了这一块石碑了。路旁热心的老人，还会指点着我们看荷花池边的石壁上磨得看不清的文字，以示为证。但是，见到没见到，已经没有什么关系了，唐伯虎本就入了禅，不计身后物事。后人要抚古凭吊，怎奈逝者如斯，烟消云散去。

古巷深处

很喜欢看《红粉》，喜欢秋仪、小萼与老浦之间的叽叽歪歪与不清不楚。看得肤浅，只是偏爱了那一种怀旧的作派和老照片的颜色，就

⊙ 苏州园林手绘图

是觉得真实。就像是多年以前的记忆。那片子就是在苏州拍的，有一个拍摄基地就在陆巷，据说现在还能看见的。

陆巷是明清时期的建筑，因为太小，说它是个镇很勉强。巷子很窄，路用青砖铺成的，两边的墙头长满野草，还有没有结果的橘子树。路旁有井，不是辘轳的，是江南的那种很普通的井，井绳像是经过了多年的人工，井口也被井绳磨出深深的痕迹。人家的屋墙也多是青砖的，有人家的墙上还能看见“毛主席万岁”几个字。镇子很安静，就像是一个没有演员的布景。

顺着巷子一路走下去，越过一处破败的墙头，《红粉》的拍摄基地仿佛是旧时代地主的后花园，假山小径、亭台回廊，都有着一种年久失修的破败。院子里有不知名的花草，兀自开得烂漫欢快。像是旧小说里有狐仙出没的荒宅，这院子破败得透着落寞，像极了《红粉》给我的印象。静寂的陆巷里，这是一个更加静寂的花园。

曾经的布景和真实的古镇都在慢慢被岁月侵蚀，眼前的陆巷穿梭在真与假之间，总是在和《红粉》的故事比较着，反而让我失去了一些看风景的单纯。

主要景点

主要园林：沧浪亭、狮子林、拙政园、留园、追思园、藕园、网师园、环秀山庄、怡园、艺圃。

吴中第一名胜——虎丘：“平生游览遍天下，游之不厌惟虎丘。”虎丘山位于苏州西北角，“虎丘”一名来历已近2500年，据传吴王阖闾死后葬于此山，入穴三日后有白虎蹲踞墓上，故名。

虎丘依山伴水，风景秀丽，有着悠久的历史文化景观。历代著名文人来此题诗作画，使此地集中了吴中文化的精华；“试剑石”“真娘墓”“千人石”“剑池”“二仙亭”“点头石”等传说也使虎丘披上了神秘的色彩。虎丘塔是苏州的象征。虎丘作为“吴中第一名胜”，成为外地人必游之地。

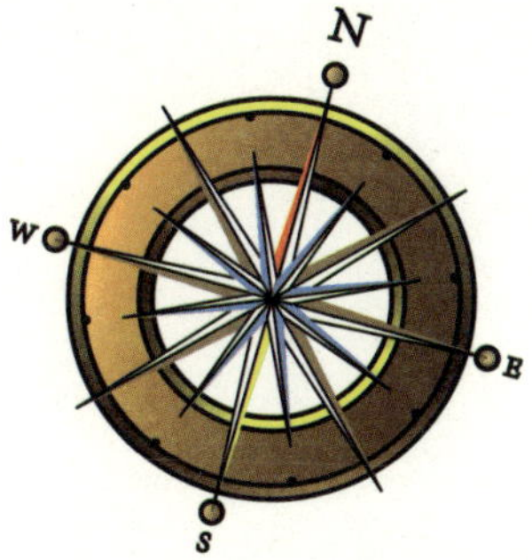

美妙的天堂
——杭州

★必去理由 温润细腻的吴越古都，有着淡妆浓抹总相宜的万种风情

★适宜季节 3月～4月春暖花开，最为宜人 ★适宜人群 天堂的大门为所有人敞开

江南忆，最忆是杭州。

山寺月中寻桂子，郡亭枕上看潮头，何日更重游?

这座有着2200多年历史的吴越古都，今日仍然是阅尽繁华之地，街上店铺林立，路中游人如织。这个城市古朴而又时尚，正如江南操着一口吴侬软语的女儿家，有着丝一般的温润质感，让人感觉雅致而又适意。

西　湖

到杭州旅游，一看西湖，二看灵隐。漫步西子湖畔，无论断桥、苏堤、孤山还是岳庙，每一处景致都有一段故事。“欲把西湖比西子，淡妆浓抹总相宜”，信步前行，无论见到什么景致，都一样地动人。天色将暮的时候，湖面水气如烟，泛起小小涟漪，岸上杨柳依依，柔枝轻拂水面，如少女腰肢款摆，流露出万千风情。湖中的小舟轻轻地飘来飘去，趁着渐渐暗下的天色，在一抱烟水中，如梦幻般迷离诗意。

西湖是杭州的灵魂，是古来文人墨客的必到之所，所以也就留下

⊙ 杭州西湖保俶塔

了不少描写西湖美景的文字传世。西湖之美古今如一，沿着西湖慢慢地行走，一路细细地看去，每一处都会是惊喜。

相传镇压了白娘子的雷峰塔是西湖众多古塔中最为风光也最为风流的一座，它位于净慈寺前的夕照山上。因塔在西关外，也叫西关砖塔。后人又因塔在雷峰的小山上，改称“雷峰塔”。夕阳西照时，塔影横空，金碧辉煌，“雷峰夕照”由此得名，是有名的西湖十景之一。雷峰塔敦厚稳重，保俶塔纤细俊俏，所以民间有“雷峰如老衲，保俶如美人”的说法。

从前人们迷信雷峰塔的砖头可以避邪，所以民间盛行将雷峰塔砖藏于家中。久而久之，雷峰塔成了空心塔，并于1924年轰然倒下，“西湖十景”成了残缺。现在杭州市又重建了雷峰塔，使十景得以补全。

灵隐寺

灵隐寺始建于东晋，相传印度僧人慧理至此，认为飞来峰是“仙灵所隐”之地，遂面山建寺，取名“灵隐”。后来清朝康熙帝南巡时，来到灵隐寺，题额赐名“云林禅寺”。所以灵隐寺又称为“云林寺”。

灵隐寺周围树木葱郁，整个寺庙就像藏身在深山之中。四周泉水淙淙，山间林木自在写意，别有一番情趣。阳光透过林间的枝叶，斑斑驳驳地洒下来，寺庙的方向传来阵阵诵经和敲打法器的声音，人不由自主地就变得严肃静穆起来。

幽深静谧的灵隐寺，虽是历史悠久，曾几度受损又几经修复，但是丝毫不觉破败。山门处有一横匾——“最胜绝场”，笔法苍劲，传说为晋人葛洪所书。参道壁上有“东南第一山”五字。寺庙巍峨，紫烟袅

⊙ 杭州曲院风荷

袅，雄伟而又大度，想来是显示我佛法力无边，又大慈大悲，让人不由得心生崇敬之意。

天王殿重檐下悬挂着“灵鹫飞来”和“云林禅寺”两块金匾，天王殿内供奉着一尊袒胸露腹的弥勒像，称为“皆大喜欢弥勒佛像”。弥勒像佛龛壁上挂着“说法现身容大度，救人出世尽欢颜”的对联。两侧是高近8米的四大天王塑像，光彩夺目，生动传神。弥勒像背后是寺庙的保护神韦驮菩萨像，韦驮佛身由香樟木雕成，可以一块块卸下来，整个佛像不用一钉，镶嵌连在一起。

三生石

经过寺前那块写着“咫尺西天”的照壁，沿着小溪向前走去，行不多远，便见路边有一座小石桥，过了桥，再由小路上山。只五六分钟，就到了三生石。三生石附近人迹不旺，意料之外的静寂。只有些形状各异的大石头，散落在林荫绿地。这块在传说里代表了“前世、今世、后世”的三生石，看起来并不起眼，只是上面镌了字，便成了传奇。《石头记》的宝玉和黛玉，前生的盟约也就开始在这里。三生石静静立着，对着路的一侧石壁已经变得光滑，不知有多少有情人曾经在这里海誓山盟过。其实，如果有情，一生足矣，三生厮守会不会太过贪心了呢？

西湖的来历

据说：古时候，东海有一条玉龙与天目山的凤凰相识。一龙一凤一起在宝石山找到了一块晶光灿烂的白玉。于是，凤凰用嘴，玉龙用爪，千辛万苦，终于把这块白玉琢磨成绝无仅有的一颗璀璨夺目的明珠。消息传到王母娘娘那里，她起了贪心，就派天兵天将把这颗明珠抢走了。后来有一天，凤凰和玉龙看到天上有一道金光，原来是王母娘娘手托着那颗明珠把玩。凤凰和玉龙见了，就飞去争夺，王母娘娘一惊，手一松，明珠就从天上直掉了下来，变成了西湖，而玉龙和凤凰则变成了湖边的玉龙山和凤凰山，日夜守护着这颗明珠。

海外游子的梦中故乡——厦门

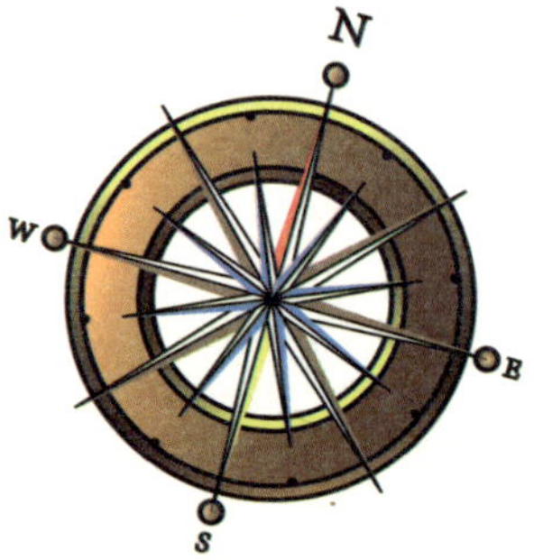

★必去理由 美丽的海港风光，悠久的历史文化，海外游子的梦中故乡

★适宜季节 四季皆宜 ★适宜人群 每一位爱国人士

每一个漂泊在外的游子，都对生养自己的故乡有种浓浓的眷恋之情。“露从今夜白，月是故乡明。”两句诗道尽了这种感情的绵长与执著，连普照九州的月亮都是故乡的明亮啊，更不用说故乡的山山水水、故乡的人了。尤其是那些去国离乡、久居异邦的海外游子，更是无时无刻不惦念着自己的故土家国，魂牵梦萦，挥之不去。厦门便是海外游子梦中故乡的一个象征，也是他们竭诚报效桑梓的拳拳之心的一个表现处。

厦门位于福建省东南部，中国经济特区之一，为福建省第二大城市，亦是著名的侨乡和美丽的港口旅游城市。著名爱国华侨领袖陈嘉庚先生的故乡即在本市的集美镇，陈先生1961年去世后便长眠于集美镇东南隅的鳌园，其墓现为国家重点文物保护单位。

厦门能荣膺侨乡之美誉固然和其地近大海、利于远赴重洋有关，但也和厦门人与生俱来敢于开拓进取、不屈不挠的天性和品质有关。当然，历史上的兵灾战乱也是促使厦门人毅然扬帆出海、另打天下的一个客观诱因。最不容忽视的一个因素恐怕还在于厦门华侨群体为祖国奉献的一片赤忱和作出的突出贡献。

陈嘉庚先生无疑是厦门华侨的骄傲，更是全世界华侨的骄傲。陈先生久居新加坡，从事橡胶业，事业有成后即开始着手报效祖国。1913年至1920年先后在集美镇创办中小学和师范、水产、航海等专科学校，并着力美化周边环境，使集美成为著名的“学村”。如今的集美风光如画，高校林立，宛如花园，正如陈先生当年所预想的一般。

1912年，陈先生又创办了厦门大学。“九一八”事变后，陈先生号召华侨进行抗日救国活动，从此为国事殚精竭虑，呕心沥血。新中国成立后陈先生历任政协全国委员会副主席、全国归国华侨联合会主席等

⊙位于鼓浪屿覆鼎岩上的郑成功雕像，是鼓浪屿的标志。

职。在陈先生墓园周围的石刻中，陈毅的一副对联对陈先生作了高度评价：天马行空标鳌柱，长见丰碑镇海疆。

位于厦门市蜂巢山西麓的华侨博物院是我国唯一侨办的以华侨历史为主题的综合性博物院，亦是由陈嘉庚先生倡仪，由侨胞捐资兴建。占地5万平方米，主楼用花岗岩石建筑，通体洁白无瑕。设有三个陈列馆，分别为华侨史馆、祖国历史文物馆和自然博物馆。展品丰富多样，系全世界华侨精心珍藏或费力搜求所得。华侨史馆介绍华侨与侨居国人民深厚的友谊、华侨政策回顾等内容，共计有图片和文物千余件，为祖国人民了解华侨社会的方方面面提供了弥足宝贵的资料。

厦门风光

厦门属亚热带季风气候，暖热湿润，草木终岁长青，鲜花四时怒放，自然风光极其秀丽，属名副其实的花园城市。其市区西南和东部的

⊙ 福建厦门鼓浪屿

鼓浪屿——万石山风景区更是景色宜人，一年四季游客如织。

鼓浪屿是一个四面环海的椭圆形小岛，面积仅有1.84平方公里，东隔鹭江（即厦鼓海峡）与厦门相望，犹如厦门遗在瀚海中的一颗珍珠。岛西南端一块巨岩上有竖洞，海涛冲激，涵澹澎湃，如擂巨鼓，鼓浪屿因而得名。

鼓浪屿得天时、地利之便，绿化面积近40%，多浓荫匝地如盖的榕树和寄予相思的相思树。花木葱茏，争奇斗艳，万紫千红错落掩映于绿树之间。更兼幽静整洁，无车马之喧闹，有桃源之韵味，让人涤净尘嚣，复归自然，素有“海上花园”之称。因岛上居民常闻海涛、天籁、鸟语，多喜爱音乐，久以为习，培育出不少杰出的音乐人才，故亦以“音乐岛”闻名在外。又因清光绪年间曾沦为各国的“公共租界”，1949年新中国成立后方才回到祖国怀抱，岛上保存着富有多国风格的建筑物，亭台楼榭，各具特色，衬以绿树红花，愈加美不胜收，使鼓浪屿又享“万国建筑博览会”之美誉。试想，徜徉于花香鸟语之中，眼观人间美景，耳边再倏地送入一缕优雅的音乐，飘飘渺渺，若断若续，不让人感慨“此曲只应天上有”才怪呢！如果再到岛南部滩平沙软的海滨浴场潇洒一番，享受享受日光浴，那感觉简直没得说了。万石山位于厦门东郊狮山，山如其名，漫山尽皆奇石怪岩，或突兀而起，或横空出世，或如擎天玉柱，或如翠屏断云，或如龙钟老翁，或如长鼻巨象。拟人摹物，绝妙纷呈，无不惟妙惟肖。

郑成功与厦门

明末清初，郑成功竖旗抗清复明，后来又驱逐荷兰殖民者收复台湾，均以厦门作为重要根据地之一，为此还一度把厦门改称“思明州”。在厦门留下了不少古迹轶事。

延平故垒位于今集美镇。因集美为自同安县进入厦门的咽喉要

⊙ 厦门天王殿

冲，为抵御清军入厦，郑成功于清顺治年间在此地的临海峭崖上修筑营垒，用以屯兵戍守。此垒隔海与厦门岛上的高崎寨互相呼应，呈犄角之势扼守厦门。因郑成功曾被南明政权封为延平郡王，且赐国姓朱，故此垒称“延平故垒”或“国姓寨”。现故垒尚存石砌寨门，高达23米，门旁遗有一门据传郑部所用的古炮。

郑成功读书处位于狮山主峰的“太平石笑”胜景前面，据清人笔记所载，为郑成功常带其子郑经、郑聪读书处。能于戎马倥偬之余手不释卷，郑氏之好学与胸怀大志可知；读书而不忘携幼子同往，其舐犊情深与望子成龙之心亦可知。

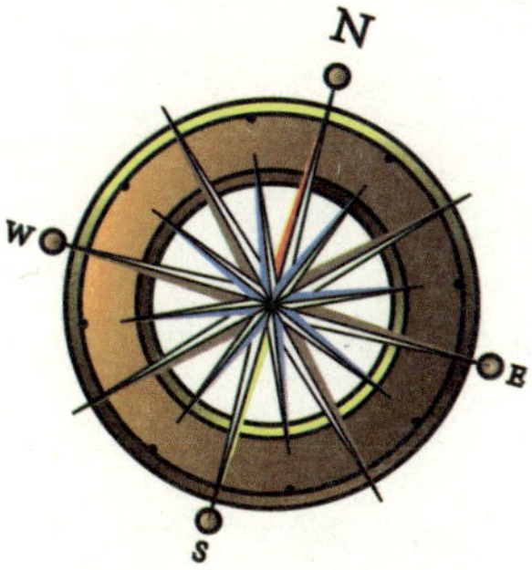

春城无处不飞花
——昆明

★必去理由 四季如春，气候宜人，美丽动人的传说与“天下第一”的奇观相映生辉

★适宜季节 四季皆宜 ★适宜人群 所有向往春城惬意生活的人

昆明地处云贵高原中部，四面环山，南傍五百里滇池。属低纬高原山地季风气候，受印度洋西南暖湿气流影响，日照长，霜期短，四季如春，气候宜人，向来有“春城”之称。

“春城无处不飞花”。花是春天的招牌，既为春城，昆明自然就是花的世界、花的海洋，兰花、山茶花、玉兰花、杜鹃花、报春花、百合花、龙胆花、绿绒蒿为春城“八大名花”，其中山茶花名声最著，号称“甲天下”，已被定为昆明市市花。

千百年来，爱美的昆明人对花一直情有独钟。今天，走在这个城市里，即便是在严冬，也会有娇艳欲滴的玫瑰怒放着，给春城带来浓浓的暖意，也让你眼前陡然一亮。在昆明，不但一年四季都可以用鲜花装扮自己，还能一年四季喝上不同的时令花茶：春天的桂花，夏天的茉莉，秋天的菊花，冬天的腊梅。那淡淡却又沁人心脾的茶香，赋予春城一股悠然隽永的独特味道。人说昆明多美女，大约是和鲜花与茶香的滋润分不开的。

不过，昆明女人的美是极不容易捉摸的，她们不如江南小女子那般明眸皓齿、柔弱可人，亦不如北方女人那样健美丰腴、热情似火。而是像煞了当地的一种绿茶，散发着淡淡的清香，让人在蓦然回首中，方才回味无穷。

昆明女子给外人的最初印象是神秘的，大约是拜云南少数民族“女儿国”所赐，这种神秘有意无意间还被涂抹上一层邪恶的色彩。其实，“女儿国”那点神秘早已被走出去的人抖落得一干二净了，很多感兴趣者对于“女儿国”的熟悉程度绝对不亚于自己身边的种种。不过，这一切都和昆明女人无关，她们是宠辱不惊的，永远是平淡的，抱一颗淡淡的平常心，走自己的路，过平淡的日子和生活。她们也是快乐的，在每一个风和日丽的好天气，穿上自己最喜爱的花裙子——也许老旧，也许不是流行款式，但她们不在乎——蝶蝴般穿梭飞舞在昆明这座大花园中，用心灵感受煦暖的阳光、撩人的春风。

花和女人都是春城亮丽都市风景线上的亮点。说花成就了女人也罢，说女人使花更增妩媚娇艳也罢，说两者相得益彰又各擅胜场也好。总之，花和女人，对于春城来说，都是不可或缺的，都是有共同内在精神的标志。

春城名花

春城多花，非但品种多样，更不乏名花、古花，这也是昆明作为春城当之无愧之一端。

金殿茶花 太和宫金殿系古代道教宫观，全国重点文物保护单位。殿宇全系青铜铸造，仿木结构建筑形式，共耗铜约200吨，为国内现存最大铜殿，故美其名曰“金殿”。金殿茶花植于殿后方位，品种是大大有名的“蝶翅”，亦名“照殿红”，树龄已有五六百年，为明朝古物。春节前后开放，开时繁花似锦，耀人眼目，远观如红云一片，亦似烈火熊熊，前人曾有诗诵之，曰：“登楼看花花及半，尚有半花出檐牙。”

⊙ 昆明金马碧鸡广场

黑龙潭唐梅、明山茶 黑龙潭又名龙泉观，传说有黑龙潜于潭底，故名。潭水上跨一石桥，石桥两侧潭水一深一浅，一清一浊，且桥下“两水相交，鱼不往来”，蔚为奇观。黑龙潭唐梅指龙泉观上观三清殿前的数株柏树，传为唐时所植，与宋柏、明山茶被郭沫若誉为“黑水祠中三异木”。而唐梅、宋梅又与汉祠、明墓并称黑水潭的“古迹四绝”。

汉祠即黑水祠，建于汉，久已湮没。明墓系明末诸生薛尔望为明尽节捐躯处。

古城轶事——大观楼古今第一长联

大观楼位于昆明市西的滇池之滨，与太华华山隔水相望。楼初为观音寺，建于清康熙年间，后增筑为楼，渐成胜景。文人墨客多会于此，俯仰天地，吟风啸月。清嘉庆年间进士宋湘有一题联，曰：“千秋怀抱三杯酒，万里云山一水楼。”其襟怀之洒脱可知。咸丰帝尝赐“拨浪千层”金匾悬于楼头。后此楼屡遭水火之厄，数度颠沛，今楼系光绪年间重修。

古今第一长联共180字，由清乾隆年间诗人孙髯翁撰写，清书法家赵藩书。全联曰：

五百里滇池，奔来眼底。披襟岸帻，喜茫茫空阔无边。看，东骧神骏，西翥灵仪，北走蜿蜒，南翔缟素。高人韵士，何妨选胜登临。趁蟹屿螺州，梳裹就风鬟雾鬓。更天苇地，点缀些翠羽丹霞。莫孤负：四围香稻，万顷晴沙，九夏芙蓉，三春杨柳。

数千年往事，注到心头。把酒凌虚，叹滚滚英雄谁在？想，汉习楼船，唐标铁柱，宋挥玉斧，元跨革囊。伟业丰功，费尽移山心力。尽珠帘画栋，卷不及暮雨朝云。便断碣残碑，都付与苍烟落照。只赢得：几杵疏钟，半江渔火，两行秋雁，一枕清霜。

⊙ 昆明世博园

亚洲文化十字路口的古都——大理

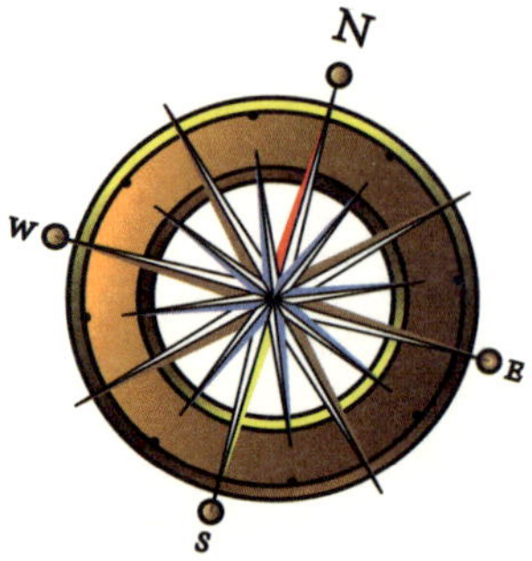

★必去理由 五朵金花的故乡，以“下关风，上关花，苍山雪，洱海月”而盛名四海

★适宜季节 四季皆宜 ★适宜人群 热爱民俗风情与探寻古迹的人

儿时看过露天电影《五朵金花》，依稀记得故事是发生在一个叫大理的地方，那地方很远很远，但很美很美。后来又知道很美很美的是苍山洱海，至于在电影中怎么表现却统统忘却了，只有健康美丽的金花姑娘，还影影绰绰有几分印象。

熟稔“大理”这个名称得益于金庸先生的《天龙八部》。大理段氏虽僻处南疆，总也算面南称孤的九五之尊，且还有独步武林的六脉神剑，一旦学成，天王老子都不怵，只可惜太难学了。这是对大理最开始的认识：大理段氏和六脉神剑。书中当然也有对大理风物的描写，只茶花就讲了一大堆，不过那都是衬托人物的，没谁会傻着当成游记来读。

现在想想，这些看法实在肤浅得可笑，但只“唐突山水”一项罪名就非同小可。如此，还是让笔者怀着一份将功赎罪之心，带你逛一逛大理这个亚洲文化十字路口的古都吧！好歹是给大理一个交代。

大理地处滇西北，其景区以苍山洱海为中心向四围延伸。苍山位于大理古城以西，夹在洱海与漾濞江之间，因山色苍翠而得名。山势峭拔挺秀，高耸入云，山顶积雪终年不化，景色壮观绮丽，“苍山雪”为大理风花雪月四景之一。洱海位于大理古城东，以狭长似人耳，风浪大

⊙ **大理蝴蝶泉**

蝴蝶泉为一圆形泉池，泉水清澈，泉底铺着鹅卵石，水从白沙中涌出，不时冒着气泡。泉池周围有大理石栏板，西部泉壁上方的3块大理石上，有郭沫若手书“蝴蝶泉”三个大字。

如海而得名。洱海水面开阔，一碧万顷，与蓝天白云相映成趣。到了夜间，一轮明月涌出天际，清辉素波，海天一色，明河共影，使人如同置身瑶台玉宇，冰壶世界，不免生飘然出尘之想。“洱海月”亦为大理四景之一，与“苍山雪”共同构成“银苍玉洱”奇观。

雪、月有了，风、花也该出场了，风是“下关风”。下关是大理的曾用名。因当地属低纬高原型亚热带气候，冬季日温差较大，常会陡起西南大风。风起之前，苍山玉局峰顶往往奇云幻生，俗称“望夫云”。狂风大作之时，天地为之变色，草木为之披靡，洱海之中波翻浪涌，狂涛怒吼，惊心动魄。民间传说是阿风公主要吹干洱海，和被压在海底的心上人相见。爱情的力量无疑是伟大的，所以风势才这么凶猛。

“上关花”的“花”主要指茶花。大理和丽江一样，是鲜花的世界，杜鹃花、报春花、茶花无不择地而生，拥拥塞塞，点缀在苍山洱海间，其中尤以茶花为最，多达40余个品种，居全国之冠。所谓“云南茶花甲天下”，很大意义上系指大理而言。茶花在大理并不归富贵人家专享，寻常百姓亦喜种植，自古即有“家家流水，户户茶花”的佳话。

苍山脚下，洱海之滨，大理最吸引人眼球的外在性标志要数崇圣

主要景点

大理古城、崇圣寺三塔、大理云景、狮子关石窟、南诏德化碑、南诏太和城遗址、三塔倒影公园、石钟山石窟、杜文秀帅府、漾濞石门关、永平霁虹桥、天生桥、蛇骨塔、蝴蝶泉、感通寺、龙口城遗址、鸡足山、南诏铁柱、洱源茈碧湖、洱源鸟吊山。

寺三塔了。初进大理，远远望去，三塔色作纯白，在雄伟峭拔的苍山映衬下，显得纤细玲珑。只有走至近前，你才能真切感受到它集伟岸与隽秀于一体的神奇魅力。尤其是那座据说是仿西安小雁塔的主塔，外形秀丽，无论从哪个角度看，都符合黄金分割的比例，挑不出半分瑕疵；而60多米的高塔让你除对她的美丽赞不绝口外，又不禁为其宏伟气魄所倾倒。侧边的两座小塔从外形上略输一筹，但古朴而稍稍倾斜的塔身无时不向你传递着浓浓的历史沧桑感，似乎在低诉着什么早已湮没在时光隧道中的往事。

⊙ 大理白族民居

⊙ 大理夜景

蝴蝶泉在大理也是素负盛名的，可惜早已见不到让徐霞客目驰神摇的缤纷蝶舞，只有清莹莹的一个小池子泉水，和一块写有“蝴蝶泉”字样的石碑。还是让我们重温一下徐霞客的游记吧：“泉上大树，当四月初即发花如蛱蝶，须翅栩然。”如果你是真的想到蝴蝶泉一睹群蝶飞舞，那注定是要败兴而归的；如果只是想寻找一种久已遗忘或被尘封的浪漫情怀，那你绝对不会失望。蝴蝶泉就是任你的浪漫像蝴蝶一样自由飞翔的精神天堂，她的美，是要你用一颗敏感的心慢慢去咂摸品味的。

离三塔不足4华里便是大理古城。古城不大，仅仅两千米见方，显得纤弱单薄了点，但是懒洋洋地在其中散步的感觉相当好。你可以什么都不用管，什么都不用想，只慢悠悠地信步行去。头顶的太阳同样也是懒洋洋的，一切都那么安详静谧，仿佛亘古以来就是这个样子，相信很快你就会悟出老城之所以为老城的味道了。

夜晚，大理最吸引人的地方当数“洋人街”。大理人是很有兼客并蓄情怀的，一方面固守着自己的家园特色，一方面也不排斥异国情调。

“洋人街”上的酒吧、茶吧、Disco（迪斯科），甚至商店等地方乍一看和古城风貌格格不入，甚至让你怀疑是一股怪风从其他大都市整个儿刮来的，然而却是中外人士全都喜爱的夜生活中心。到了这里，你会陡然发现什么叫和谐的统一。大理居住的外国人不少，且多不精通汉语；而当地人不懂外语姑且不论，连汉语也带着浓重的地方口音；便是老外学过汉语恐怕也是干瞪眼，因为他们学的是普通话。可是，他们互相交流起来却是蛮得心应手的，叽哩咕噜说上一串，然后双方会意地一笑，显然是莫逆于心了。倒是闹得你作为外人满头雾水，双方的话一个字都听不懂。

只有夜晚在大理古城洋人街走一遭，才算真正到过大理，才能体会亚洲文化十字路口处，中国古老文化和外国文化是怎样碰撞出璀璨火花并结出累累硕果的。

南海碧波边的奇观仙境
——三亚

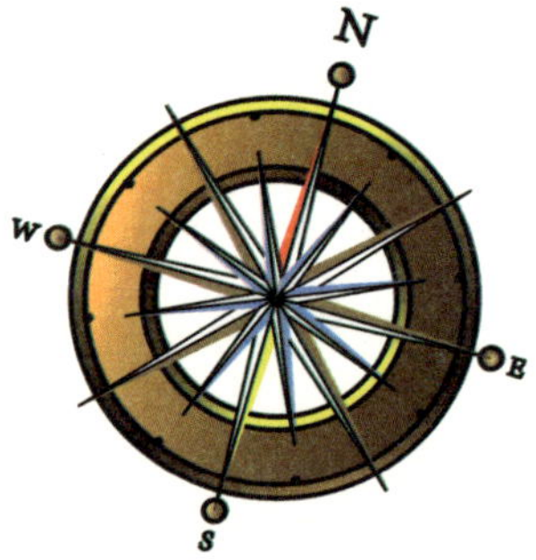

★必去理由 中国南海椰岛上的翡翠，天涯海角之奇观仙境

★适宜季节 四季皆宜　★适宜人群 钟情于热带海滨旅游的人士

总算见着了闻名已久的天涯海角，顺着海边迤逦行去，一样的椰树林立，树影婆娑，海天澄碧，秋水共长天一色，海涛声声，凉风习习，游人蚁聚，笑语喧哗，无半分萧条荒凉气象。虽然已知定必如是，仍不免有些意料之中的失望。待见到一块光秃秃的大石，瞥见上书“南天一柱”四个大字时，失望更甚。再往前走，远远地看见海边一块巨石上的“天涯”二字；不用问，邻近大石上的必然就是“海角”字样了。此时遥望茫茫大海，硬生生想了半天，仿佛才真有了那么一点天之涯、海之角的感觉，迁客谪臣却早抛至南海之中了。

在印象中尚未有南国椰岛风光之前，最早知道三亚是因了鼎鼎大名的“天涯海角”。而且还知道那地界原先是人迹罕至的蛮荒之地，只有那些忤怒朝廷的迁客谪臣才会老大不情愿地往那儿去，待他们走到天涯海角一看，前面是浩渺无际的大海，水天相接，回头无路，举目无亲，必是痛哭一场，泪水涟涟地走了，心中从此也永远记住了“天涯海角”这个名称。迁客谪臣满腹心酸凄凉地走了，笔者却不由地想起天涯海角便备感凄凉，还不由地想起唐人杨炎的两句诗：“一去一万里，千去千不回。”后来骤然在一首歌里听到，“天涯海角”和“地老天荒”连在一起，这四个字才多了几分脉脉柔情，不过基调还是凄凉的，爱情要跑到天涯海角再等个地老天荒算不上什么完美结局，细思来只怕比凄凉还凄凉十分。

终于有机会去了椰岛，天涯海角的凄凉刚被拂面而来的凉爽海风冲淡，心里顷刻间便被铺天盖地的椰树林塞满了。

椰树和椰子

一株株翠绿的椰子树，一片片繁茂的橡胶林，还有蓝蓝的天，灿烂的阳光，海的气息沁入心脾，使你浑然忘却来处究竟是何季节。

通往三亚的高速路上，车窗外，天蓝地绿，蓝得轻灵，绿得厚实。大片大片的椰子林、槟榔林、橡胶林夹杂着郁郁葱葱的灌木杂树，挤了满眼，那是多么生机勃勃的绿呀，每一片绿叶中都跳动闪耀着青春活力的光泽。不时闪过的一两幢白色小屋，又引起你无限遐思，让你恍然置身安徒生笔下的童话世界。

⊙ 三亚的“天涯海角”石

⊙ 美丽迷人的海岸风光

在海南的植物王国中，椰子是随处可见的，较之北方最普通的杨树和梧桐毫不逊色。山边、水涯、田野、路旁，到处是它挺拔秀丽的身姿。或一株两株，卓尔不群却非形影相吊；或成片成林，蔽日遮天又毫不显得拥塞。因为每一株都是那么的高大潇洒，像一个自信的男人。

我们有好口福，正赶着椰子大批成熟的季节。大大小小的椰子挤满树梢，青中透黄，像顽皮的孩子躲在母亲背后探询地望着穿梭往来的车辆和行人，让人直欲冲天而起，抢那么一两个下来，踞地大嚼一番，管他雅观不雅观呢？

可惜没有那般飞檐走壁之能，因此只好买着吃了。久闻海南的老太太上树比猴快，这回真让我们大开了眼界。五六十岁的老太太三两下爬上一棵高高的椰子树，面不改色心不跳，让我等叹为观止，随即又汗颜无地。海南的椰树一年四季果实不断，据说当地人出门都不带水，走到哪儿渴了，就噌噌噌爬上树砍一个椰子喝，所以老幼妇孺均有爬高之能，非只老太太如此。也正因椰树遍地，价钱也不贵，多买还能便宜。真正的椰汁并没多大甜味，只有红椰子略略有点甜，但都是解渴消暑降温的佳品。最好喝的椰子应在中午十二点钟之前砍下树，汁又满又凉，还带一股淡淡的清香味；十二点钟以后的就有些次，汁液少，还略有些酸。如此说来，在其他地方喝不到新鲜椰汁也就不难理解，因为椰树只在海南一地结果，到其他地方便成为只能长叶的观赏植物了。

天然泳场亚龙湾

亚龙湾位于三亚市东20千米处，湾口酷似一钩弯月，海湾远处有五岛环列。其中野猪岛上林木苍翠，上有奇岩“五指山”、“蛙石”，均形态逼真，栩栩如生。东、西排岛虽为弹丸小岛，亦有几分玲珑可喜，且水下有天然石堤相连。只是童山濯濯，毫无遮掩，若无足够防晒物品护身，还是选个阴雨天涉足为上。亚龙湾内海水清澈湛蓝，海风徐来，水波不兴。沙滩细软如绵，莹白如玉，为理想的天然游泳场。一年四季均可尽情嬉水，有“东方夏威夷”之称。如果想享受蓝天白云，碧海白沙，亚龙湾绝对让你不虚一行。

⊙亚龙湾的海水终年适宜游泳，被誉为“天下第一湾”，这里常年游客络绎不绝。

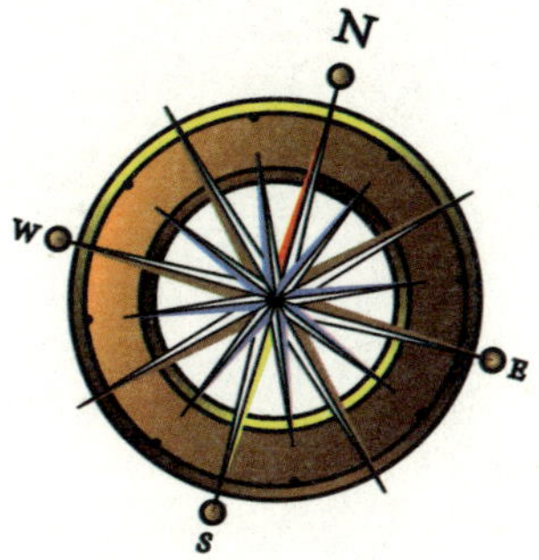

太平洋上的人间乐土
——夏威夷

★必去理由 大洋中最美的岛屿，绿树成荫、遍地花香的伊甸园

★适宜季节 6月～9月 ★适宜人群 活力四射的年轻人

夏威夷群岛位于海天一色、浩瀚无际的中太平洋北部。它紧靠北回归线，构成了波利尼西亚群岛的北方前锋。同时，它又处于美国的最南部，与墨西哥城、海南、加尔各答在同一纬度。由夏威夷、毛伊、瓦胡、考爱、莫洛凯等8个较大岛屿和100多个小岛组成，逶迤3200千米，呈弧状横贯北太平洋，就像一串光彩夺目的项链，在海水深碧的茫茫大洋上熠熠生辉。美国著名作家马克·吐温曾盛赞夏威夷群岛为“大洋中最美的岛屿”，是“停泊在海洋中最可爱的岛屿舰队”。

夏威夷于1959年成为美国的第50州。首府火奴鲁鲁（檀香山）位于瓦胡岛，东距旧金山3857千米，西距菲律宾首都马尼拉8516千米。波利尼西亚人于1000年之后乘独木舟到达此处定居。

它是太平洋水域的一个运输和文化中心。夏威夷人在海洋学、地球物理学、天文学、卫星通信和生物医学诸方面开展的研究和开发在国内和国际上都具有重要地位。

夏威夷是多种文化汇集交融的大熔炉，历经200多年的变迁，已经变成当今美国种族最为多样、人口最为复杂的社会。岛上最原始的语言

⊙夏威夷风景优美，气候宜人，是旅游疗养的好地方。

是夏威夷语，和其他波利尼西亚语关系密切。现在，英语是夏威夷群岛的通用语言，几乎所有的人都说英语。一些夏威夷语的词汇也悄然进入了日常用语。

优美风光

世界上很难找到像夏威夷这样一个令人身心完全放松的热带环境。蜿蜒的海岸在菠萝树、棕榈树的点缀下依偎着崎岖翠绿的山路。傍晚，温暖的海面映射着绚烂的夕阳，夏威夷是大多数人向往的天堂。

夏威夷的一切都是美好的，一年四季，各种奇花异卉漫山遍野绽放着，令人有赏心悦目的感觉。美丽的风光、友善的邻居，到处飘扬着和谐悦耳的歌声，是赋予观光者生活充实的地方。戴上当地人赠予的沉香扑鼻的花环，会使你疲劳顿消。

夏威夷有着独特的旖旎风光，富有阳光、水、风以及由于活跃的火山运动而产生的地热资源，其洁净的空气和高耸的火山使夏威夷成为世界上最重要的天体观测站和天文研究中心。

海上活动也十分丰富。风帆、滑水等项目，既富有刺激性，又无太大危险。在海滩浴场一头设有潜艇旅行，花上几十美元，乘客便可在150米深的水下观赏鱼类及其他海洋动物及海底废墟。夏威夷已成为著名的世界水上体育运动中心，许多世界级的大型水上运动比赛都在这里举行。此外，还有其他一些体育比赛也在这里举行，如火奴鲁鲁马拉松比赛、职业高尔夫球锦标赛、建伍杯赛，等等。

朴实民风

夏威夷人淳朴好客，让世界各地的游客都有宾至如归的美好感受。当观光轮船接近夏威夷外海时，便有一大群热情如火的夏威夷女郎，驾着小舟靠近轮船，把一串串五颜六色的花环送给游客，喊着欢迎口号“阿罗哈”，充分表达她们最真挚的欢迎。“阿罗哈”是土语，一般解释为“欢迎”“你好”等，表示友好和祝福。每个来到夏威夷的人都会学这句话。花环叫“蕾伊”，夏威夷人总是手拿花环，熟人相见，欢迎或欢送客人，都要送花环，就好像我们见面握手一样。所以在夏威夷，你常常看见有人戴着一二十个花环。

与欧美人士穿衣讲究场合相反，夏威夷人不论场合、时间，一套以夏威夷布裁制的夏威夷衫通行各处。男人穿的叫“阿罗哈衫”，女性的花衫有长短之分，白天穿的略短，叫“慕”，晚上穿的长衫叫“慕慕”，以衣服长短命名名字以示区别，是当地人发明的科学。游客到此，都不忘带回几件“慕”或“慕慕”。

当地舞蹈

谈起夏威夷，草裙舞是最让观光者念念不忘的。草裙舞又名“呼拉舞”，本来是一种宗教性的舞蹈，最初，人们跳起草裙舞以表达对诸神的敬意；现在，它已经变成用尤克里里琴伴奏的娱乐性舞蹈，观赏草裙舞成了游客游览夏威夷的保留节目。

草裙舞是一种全身运动的舞蹈，注重手脚和腰部动作，尤其是手部动作含义深刻。通过不同的手势，人们表现出对各种美好事物的期冀，如祈求丰收、渴望和平等。月光如水之夜，凉风习习的椰林中，穿夏威夷衫的青年，抱着吉他，弹着优美的乐曲，用低沉的歌声倾诉心中的恋情。跳舞的女郎，挂着花环，穿着金色的草裙，配合音乐旋律和节奏，表现出优美的姿态。纯洁的感情，如诗的气氛，如画的情调，令人陶醉，叫人流连忘返。

赞颂“火山女神”的舞蹈，也是游客所喜欢的。火山爆发给当地居民带来震惊。他们认为，冥冥之中，乃是火山女神所掌管。于是他们编了一

个舞蹈，来赞颂“火山女神”的伟大，以求神明的庇佑。在外人看来，所谓的神舞，就是在疯狂的不辨语句的呼号中，一群脸上涂着色彩的人们，围着熊熊的篝火狂舞，专注痴迷得近乎癫狂。在这过于兴奋的狂欢之下，有着人类最原始也是最真实的信仰。

夏威夷地处热带，但受海洋环抱，气候并不炎热，四季如春，雨量丰沛，阳光充足，林木茂盛，各种热带植物争奇斗艳。

优美的海湾，起伏的青山，组成一幅幅层次分明、景色秀丽的画卷，成为世界上罕见的休憩的风景胜地。夏威夷风光明媚，海滩迷人，日月星云变幻出五彩风光：晴空下，美丽的威尔基海滩，阳伞如花；晚霞中，岸边蕉林椰树为情侣们轻吟低唱；月光下，波利尼西亚人在草席上载歌载舞。夏威夷的花之音、海之韵，为游客们奏出一支优美的浪漫曲。这些优美的景观使这个处于太平洋上的岛屿群变成人间乐土，具有无穷的魅力。

发达航运

夏威夷在经济上生机勃勃，有多种农业和制造业。出口商品主要有蔗糖、菠萝罐头、服装、花卉和鱼肉罐头。主要进口商品有燃料、车辆、食品和衣服。海洋运输是夏威夷群岛的生命线，拥有众多码头、仓库与露天货场的火奴鲁鲁港是夏威夷的航运中心。

大多数游客乘飞机往来于夏威夷之间，在该州各岛之间旅行的游客几乎全部都是坐飞机。瓦胡岛上的火奴鲁鲁国际机场、夏威夷岛上的李曼将军机场（位于希洛）和毛伊岛上的卡胡卢伊机场是可起降巨型喷气式客机的主要民用机场。各岛还有若干较小的机场和一些私人飞机场。

该州的多数公路都是循着低地等高线修建的，沿着或靠近海岸线绕岛环行。在瓦胡岛上有两条隧道将火奴鲁鲁背后的两块谷地经由科奥劳岭与该岛东北部的东北部地区接通。

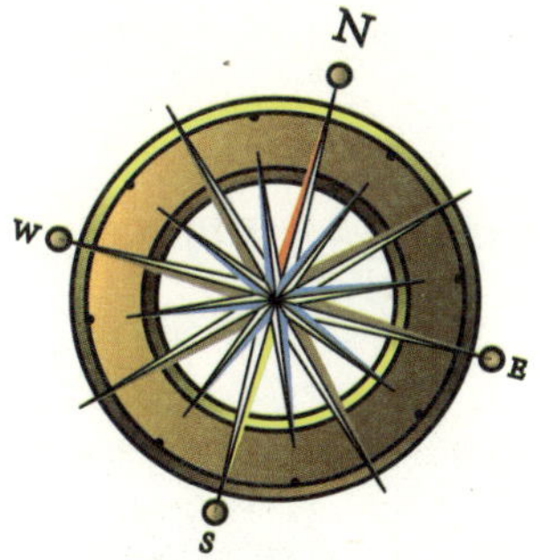

从童话到神话——迪士尼乐园

★必去理由 不管年高几何，在这里你都可以尽享童年之乐

★适宜季节 夏季最佳 ★适宜人群 有童心的冒险家

迪士尼乐园位于加利福尼亚州洛杉矶郊区，是世界上最大的综合游乐场。迪士尼世界的诞生，首先要归功于富于想象力和创造精神的美国动画片大师沃尔特·迪士尼。乐园始建于1955年，几十年来成就了世界各地成千上万的人们的梦想。

去洛杉矶，只要有可能，一定要为迪士尼留下整整一天。

一进入迪士尼，迎面就是一条大街，游人立刻被街道两边林立的小屋吸引了。那全是在童话故事和电影里才有的建筑：尖尖的屋顶，木质的拱窗，鲜明跳跃的色彩，连房顶和板壁连接处俏皮的转折都十足梦幻。这些小屋前密密地聚着游客，原来不过是出售小纪念品的小商店。店里的小东西真的是十分可爱，忍下心头痒，回程时再买吧。

迪士尼乐园是一座主题游乐公园，就是园中的一切，从环境布置到娱乐设施都集中表现一个或几个特定的主题。在迪士尼里，主要的划分有冒险家乐园、拓荒者世界、自由广场、梦幻世界和明日世界等几个部分。不管游客走到哪个主题区，都有一种身临其境之感。

冒险家乐园是游人最钟爱的主题。据说，这个主题是根据迪士尼电影《阿拉丁》改编的。万万想不到，在这个洛杉矶郊外的游乐园中，居然能找到这样一个像模像样的热带丛林。不过是坐一条小船，顺着弯弯曲曲的河道，且行且看。河岸两边有古木参天，藤蔓牵连，时不时有河马和鳄鱼点缀其间，十分逼真。即使秋凉时节，船行其间，还是会觉得燠热。远远只看见一段枯木漂浮过来，到你跟前突然一仰头，露出一张长长的大嘴，嘴中的利齿似乎都能数清楚，虽然明知道是电动的虚幻景象，但还是忍不住让人大大吃了一惊。

冒险家乐园可不仅是植物和动物们的世界，经常还有亚马孙的土人客串嘉宾，特别搞笑。有这样一个场景，5个土人惊慌地攀在一棵树上，树下一头愤怒的犀牛正在用角猛顶最后一人的屁股，不断重复的动作令人捧腹。

值得一提的还有“加勒比海盗”。南美风情的音乐声中，黑暗的海面上粼光闪耀。远远的“黑珍珠”号扯着破破烂烂的帆布，飘飘荡荡到了眼前，鬼气森森，不知道上面是不是真有遭了诅咒的船员。洞窟里海盗船长的房间摆满金银珠宝，金币和纯银的烛台就那么胡乱堆着。不知怎么就又卷入了一场海战中，海盗和殖民者相互炮击，狼烟遍地。炮击过后，海盗们顺利攻入了城内，紧接着城内就火光四起。看着兴高采烈的海盗们在烧杀劫掠，让人觉得能被这样劫掠一回也是一件难得的幸事呢。这哪里

⊙ 迪士尼世界魔法王国游行

ORLANDO FLORIDA
Walt Disney World
ATLANTA GEORGIA
Walt Disney World
ORLANDO FLORIDA
Walt Disney World
ATLANTA GEORGIA
Walt Disney World
ORLANDO FLORIDA
Walt Disney World

是一场灾难，简直就是海盗们的一场狂欢节。

⊙ W.迪士尼与米老鼠

迪士尼的晚间游戏是很有名的，主要的节目有游行和放焰火。所谓游行，就是迪士尼童话中的经典人物，或乘着小车，载歌载舞而过。白雪公主、七个小矮人、王子、小美人鱼，还有许许多多你耳熟能详的人物，招摇着，微笑着，挥着手走过。焰火燃起，在灰姑娘城堡的那一侧，有一刻钟的时间，迪士尼的天空布满了梦幻般的线条和颜色，现实反而成了不真实的了。

阳光、雨林、黄金海岸
——昆士兰海滩

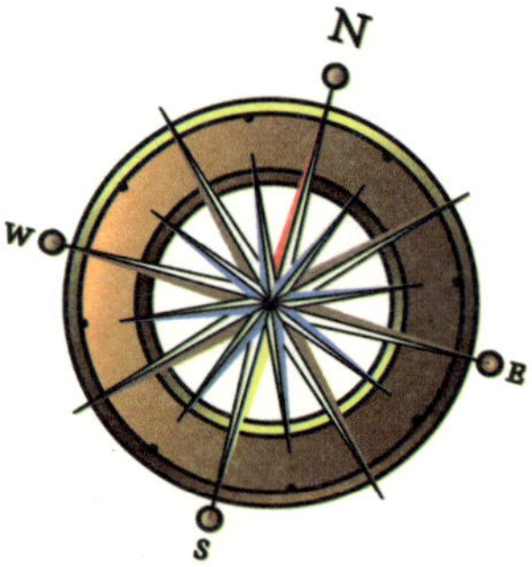

★必去理由 世界上最庞大的生物体——大堡礁，色彩缤纷的珊瑚，烟波浩淼的南太平洋

★适宜季节 1月～9月　★适宜人群 所有的人

昆士兰位于澳大利亚的东北部，属于亚热带至热带气候，这里没有明显的季节转变。当澳大利亚的其他州已秋意渐浓时，昆士兰依旧是阳光灿烂，因此昆士兰州有了“阳光国度”的美誉。当然，去昆士兰不能不去黄金海岸，世界上最庞大的生物体——大堡礁就位于昆士兰州的黄金海岸上。

昆士兰海岸线长达7400千米，这里不仅有40多个海滩，还有很多主题公园：世界上最大、最受欢迎的热带雨林果园里有超过500种的热带水果，海洋世界里有种类丰富的海洋生物。此外，这里还有著名的华纳电影世界，当你走在路边，正为一天的劳累而无精打采的时候，《黑客帝国》或是《蝙蝠侠》里的人物说不定会突然出现在你的面前，你的疲惫也会被吓得顿时没了影踪。

黄金海岸

从昆士兰州首府布里斯班向南行驶1个小时便到了黄金海岸。黄金海岸濒临大西洋，温暖的海水和金色的沙滩每年都吸引着约400万游客接踵而至。

如果说大堡礁是昆士兰的徽标，那么黄金海岸则是昆士兰的一条蓝色领带。一望无垠的海岸绵亘曲折，蓝色的海水卷着波涛向岸边扑来，涛声阵阵，海浪奔腾喧嚣，好一番壮阔的场面，不禁使人想起苏轼《念奴娇·赤壁怀古》中的诗句“惊涛拍岸，卷起千堆雪”。仰望蓝天，几只银白色的海鸥盘旋长空，更加增添了激昂与慷慨之气。

⊙ 昆士兰海滩大堡礁奇景

浮云悠悠地飘，海浪轻轻地摇，波光粼粼，余晖脉脉，仰躺沙滩或是在海里遨游的你，远望蓝天碧海，怎么会不觉得心胸开阔呢？

主题公园是黄金海岸旅游业的另一个重要特色。进入海洋大世界，远远地就听到一阵阵沉闷而剧烈的轰鸣，冲天的火光映红了整个山峦，熊熊的岩浆顺着山坡缓缓流下。千万不要害怕，这并不是真正的火山爆发，你大可以“隔岸观火”，欣赏这种只能在电影电视里才能看到的景象。如果你有兴趣，也可以乘云霄船穿越正在喷发的火山，享受一下在充满硫磺气味的天空中“腾云驾雾”的感觉。

在海洋大世界，还有精彩的海狮、海豚表演，惊心动魄的冲浪表演，单人飞越障碍，或三五人的花式表演……在这样的休闲时刻，即使是温文尔雅的绅士，你的童趣和天真也会在欢乐中迸发出来。

热带雨林

走出海洋大世界，漫步在热带雨林，眼前将别是一番天地。昆兰士的湿热带雨林位于东北海岸，占地89.4万公顷。这里土壤肥沃，且由于海拔高度不同而形成垂直气候带。以亚热带雨林居多，而且树种多。这里还广泛分布着众多的爬蔓植物，被称为“爬蔓植物森林”。浓密的热带雨林、深邃的峡谷、崎岖的山路、湍急的河流、白色的沙滩、绚丽

⊙ 昆士兰海滩大堡礁奇景

的珊瑚礁，还有活火山和火山湖，构成了昆士兰湿热带奇特的美景。1988年，昆士兰的湿热带地带以其独特的自然价值被收入到《世界遗产名录》中。

千万年的历史了，其中一些树种是世界上最古老的树种。看着眼前这一片热带雨林，一亿三千万年前在这里曾经发生过什么呢？我们无法得知，只能靠史书或电影电视里所描绘的加以想象了。

热带雨林与大堡礁相连，这种雨林与礁石相连的地形在澳大利亚是独一无二的，在全世界也是屈指可数的。享受完大堡礁的激昂雄壮，再来享受一下热带雨林的浪漫，你一定会忘记热闹都市的喧哗。

野趣横生

长期生活在繁华都市的人们，对那种重复琐屑的工作已经厌烦，如果沿着蜿蜒曲折的黄金海岸散散步，在远古的植物园中休憩一下，那么你的神经一定会得到放松。这里生活着少见的琴鸟，青灰色的雄琴鸟长着像孔雀那样长长的羽毛。另外，这里还可以看到黄色斑点小鹦鹉，这种小鹦鹉身体呈黑色，头部长着鲜艳的黄色斑点。最为珍稀的是蓝亭鸟，因雄鸟在自己的领地用树枝编造小亭子，并在亭子周围装饰蓝色的物件来吸引雌鸟而得名。如果你有兴趣的话，也可以去捉一些小龙虾，既陶冶了情趣，又能满足自己的食欲，何乐而不为呢？不过，捉这些小龙虾并不是一件容易的事。

小龙虾生存在海底泥中，你需要把一个像

打气筒一样的东西伸到泥土中，然后把泥土吸上来。因为水流很急，吸泥土这一动作需要重复做好多次才能成功，小龙虾就在这些吸上来的泥里。满身泥腥味的你看到这些辛苦劳动得来的成果一定会狂欢不已。

此外，昆士兰还有精美的食品、良好的购物环境、美术馆、电影院、剧院、博物馆、艺术品和工艺品市场、花园和24小时昼夜营业的赌场等，一定会令你流连忘返。

⊙ 迷人的昆士兰热带雨林

主要景点

惠圣代群岛：坐落在大堡礁的中心，由74个岛屿构成，这些岛屿把大陆、航路、避风湾和国家雨林公园连成一片。在这里你可以观赏到各种各样的水上运动。每年7月至9月是鲸鱼迁徙的季节，这里则是看到座头鲸的最佳地点。

邦达伯格：这里是大堡礁的起点。有许多溪流和河口，是钓鱼的理想场所。在蒙瑞珀斯海滩，还有可能发现大洋洲大陆龟的巢穴。来到邦达伯格你一定要去腹地的农场和酒馆走一趟，体验一下大洋洲乡村生活的情趣。

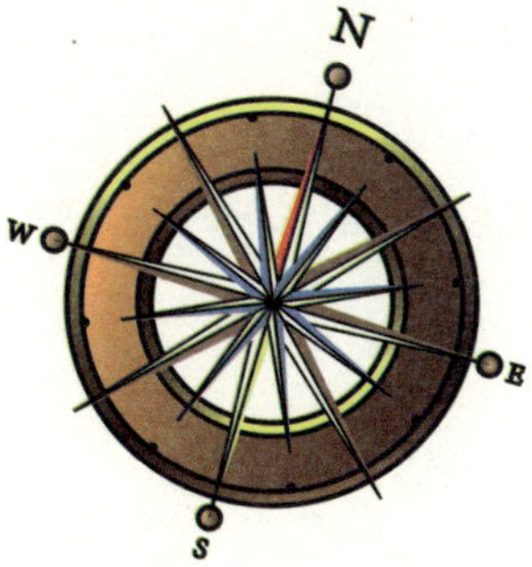

冰川、海水和火焰
——挪威海岸

★必去理由 奇特的冰原风貌、独一无二的海岸风景

★适宜季节 5月~7月 ★适宜人群 热爱冰雪海岸风光的人

一提到挪威这个国家，你一定会首先想到易卜生的《玩偶之家》，或是村上春树的《挪威的森林》。而且在我们的印象当中，挪威好像与森林有一定的关系。其实不然，挪威的魅力主要展现在它的海岸线上。在一些资料或影片中你也许早已经对挪威有所了解，但这些是否勾起了你对挪威风光的向往呢？

挪威的万里海岸

在英文中，挪威的国名“Norway”的意思是“通往北方的路”。这个美丽的国家三面环海，自北沿西向南依次为巴伦支海、挪威海和北海，所以挪威海岸线很长，曲曲折折地绵延2万多公里。要饱览挪威的海岸景色，最好的办法是坐船沿着海岸线航行，这样你就可以从容悠闲地欣赏挪威那独有的峡湾风光了。

挪威的海岸线大致以卑尔根为中心，卑尔根曾是中古时期汉萨同盟的北方贸易枢纽，现在则成了最具备挪威精神的国际海洋城。卑尔根南半段以幽静的哈丹哥峡湾为主要景点，北半段则有松恩峡湾。如果你乘邮轮或游艇在峡湾里巡航，会有“柳暗花明又一村”的感觉。

挪威的许多山直达海边，因此才会有许多峡湾形成。峡湾与山势垂直，岸壁陡峭，像巨大的高墙保护着湾内的建筑与船只。被海水淹没的山则成为岛屿，形成奇特的峡湾群和岛群。站在岸边，看海风不时掀起的阵阵巨浪拍打着海岸，听着震天的响声，气势颇为壮观。

挪威冰河

挪威境内冰河覆盖面积很大，是除冰岛外欧洲最大的冰原。在这里，你处处都能看到亿万年前冰川时期地形变动留下的痕迹。踏着这些远古的痕迹，想象着亿万年前这里可能生活着的生物，你不由得会心潮澎湃，似乎远古的声音正悄然接近你。

⊙ 从缆车上俯看斯堪的纳维亚山脉挪威海岸壮丽景色

奇特的冰河风貌也给挪威带来了独一无二的海岸风光。深蓝色的清冽海水，倒映着巍然矗立的冰山。你是否为大自然所形成的这种奇特的地形而感到激动呢？眼前的山也好，雪也罢，在你的面前都会变得更富有诗意。亿万年来，一辈一辈的挪威人繁衍着，这些冰川见证了每代人所发生的故事。至今它们有的还在覆盖着峡湾，它们究竟在等待着什么呢？人类又在等待着什么呢？这些问题不知道从这里能不能得到答案。

巡游峡湾

谈到挪威的魅力时必定提及峡湾。挪威的这些峡湾是世界上最壮观的奇景之一。如此大规模的峡湾在世界上是绝无仅有的，在挪威的这

⊙ 挪威的斯瓦巴特群岛北极村

些峡湾中，又以盖兰格尔峡湾、哈丹格尔峡湾、索格内峡湾、里塞峡湾的景色最为迷人。

盖兰格尔峡湾两岸耸立着海拔1500米以上的群山，这里是世界上屈指可数的观光胜地。如果你是乘坐游艇观赏，肯定会有“轻舟已过万重山”之感。盖兰格尔峡湾向人们展示着大自然的雄劲与浑厚。在盖尔格尔峡湾游览，你还会看到位于索格诺吉德恩的布里克斯达尔冰川、位于海拔1500米处的达尔斯尼巴展望台以及宏大的瀑布等，你一定会为这里的每一处景观而心动。

哈丹格尔峡湾在四大峡湾中最为平缓，有着如画般的风景，如果你能赶上这里果树花开的时节，那更是别有一番风味了。距今已有800年历史的苹果和杏树到了5月便一起盛开，在很远的地方就能闻到花香的味道，那沁人心脾的香味会令你全身酥软，回味无穷。乘坐巴士和快艇可到达峡湾深处的乌勒恩斯旺地区，那里有挪威的著名疗养胜地乌特奈和洛夫特弗斯。哈丹格尔峡湾还有许多壮观的瀑布及哈丹格尔维达国立公园、挪威第三大冰川等。

从奥斯陆或柏根乘坐火车便能很快到达索格内峡湾，这里是世界上最长、最深的峡湾，全长205千米。在索格内峡湾内有许多值得一看的地方，你可以乘坐世界铁路杰作之一的弗洛姆铁路或是乘古德旺根的轮渡来这里观光。如果走运的话，在这里你将能看到附近野生的海豹。

里塞峡湾位于挪威南部，这里怪岩兀立，断崖普莱克斯托伦是这里最值得观赏的地方。望着眼前峥嵘怪异的岩石，你便能强烈地感受到大自然雄劲的活力。在这里，自然景观与人文景观和谐地交织在一起，没有一丝做作之感，似乎是到了与世隔绝的人间仙境。

闲情异趣

这些曲折的海岸是你不容错过的观赏点，美丽的峡湾是你休憩的好地方，但要是你时间充裕的话，一定要到欧洲最北的北角去看看，这儿可是有名的午夜太阳区。每年5月15日到8月1日，太阳整晚都照耀着大地，那种壮观的景象是在其他任何地方都无法领略到的。挪威还有悠静的城市、未受污染的渔村和丰富的历史古迹，其中包括维京海盗船及中古木构教堂等，这些地方都非常具有地方特色，相信你走完这些地方之后一定有一种流连忘返的感觉。

挪威人一如他们的天气，冷静内敛。这一点，只要你听过北欧的摇滚乐就会体会出来，就会猜测到北欧人内心暗藏有一种冰火交融的激情。挪威国土有三分之一在北极圈内，全年中有段时间是极夜，天气寒冷，长夜无边。因此当夏天到来时，挪威人会出去度假、休闲，以放松心情，庆祝漫漫冬夜的过去。尤其是夏至这天，挪威人会集体在海边燃起盛大的篝火，庆祝不眠的太阳重新回来。这个风俗起源于古老的传说，挪威人相信，盛大的篝火可以帮助太阳走过漫长、黑暗而寒冷的冬季。因此，挪威人用火去迎接午夜的太阳。

看似不可能并存的冰川、海水和火焰构成了一幅奇妙的画面，这就是挪威海岸的魅力。

主要景点

奥尔内斯木制教堂：许多人把木制狭板教堂看成是斯堪的纳维亚国家的特色，而挪威现存30余座木制教堂，奥尔内斯木制教堂就是其中之一，并于1979年被列为世界文化遗产。奥尔内斯木制教堂位于西海岸的松恩—菲尤拉纳郡，建于12世纪，是一个四方形的三层建筑，外形与东方的神庙相似。教堂的山墙上刻有各种图案。教堂内的陈设至今仍保持着中世纪时的风格。

霍尔门考伦山：是挪威的滑雪圣地，位于奥斯陆东北约13千米处。从1892年起，每年3月，世界闻名的滑雪大赛在此举行。霍尔门考伦山下还有一个滑雪博物馆。

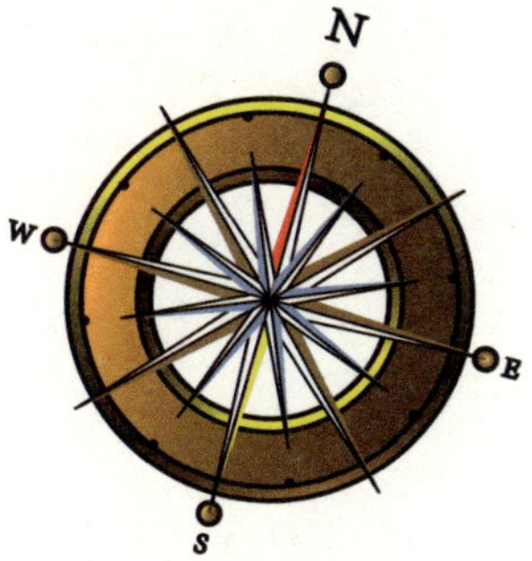

奇美海滨
——北戴河

★必去理由 碧海、蓝天、金沙相映成趣，北国的绝佳疗养避暑胜地

★适宜季节 夏季 ★适宜人群 所有的人

北戴河是一个名满中外的避暑胜地。属河北省秦皇岛市一部分，位于市区西南角，京哈铁路横穿海滨西北部，交通十分方便。海滨避暑区西起戴河口，东到鹰角亭，长约10千米、宽2千米。海岸沙滩平整，沙子细软；海潮平稳，海水含盐量高、浮力大，是理想的海水浴场。这里白天海风湿润，晚上陆风致爽。北戴河的自然景色也很美丽，这里古木参天，一片葱绿；到处是亭台楼阁，奇石峥嵘。游人在游泳和观海之余，还可漫步于林荫道中和沙滩之上，去寻觅那引人入胜的景点。

美丽的北戴河

北戴河是"中国四大别墅区"之一，但它拥有700余幢别有风韵、神秘迷人的老别墅却鲜为人知。北戴河的老别墅，融汇了东方、西欧、北美等世界各地的建筑艺术，别墅的选址、设计、用料和建筑都别具匠心。为保持"层楼近水倚群峰"的绮丽景致，别墅的结构和布局注意与周围环境融洽协调。在中国建筑界，把北戴河别墅的建筑风格归纳为"蓝天绿树、红顶素墙、大回廊"。蓝天绿树，讲的是环境幽雅；红

⊙ 美丽的北戴河

顶，讲的是别墅的屋顶；素墙，讲的是别墅的墙体古朴，色调和材质较为单一；大回廊，是欧式居住建筑的主要特点。

“吴家楼、段家墙、霞飞馆的大草房”，说的就是北戴河当年的三大建筑。吴家楼以豪华著称，是时任北洋政府中国银行总裁、财政部次长，后任南京国民政府实业部长和蒋介石总统府秘书长吴鼎昌的别墅；段家墙以典雅大方见长，是曾任北洋政府东三省巡抚、北京京畿警备总司令段芝贵别墅的围墙；“霞飞馆”为咖啡馆的译音，是当时北洋政府交通总长、代国务总理朱启钤的长子朱海北所建。

匆匆奔走于钢筋混凝土构筑的城市楼群之中，疲惫不堪的心灵最需要自然清凉的慰藉。走过了太多相似的路，看过了太多堆砌的风景，也许就是一片自然纯净的田园水色。而1999年开放的北戴河是集农业观光和休闲娱乐为一体的新型旅游景区。

徜徉在丝瓜藤蔓搭就的长廊，漫步在晶莹剔透的葡萄架下，伴着“瀑布摸鱼池”里欢快的笑声，让我们来游览“百花园”：荷兰郁金香、比利时杜鹃、哥伦比亚火鹤、非洲菊……1000多种名贵花卉让人目不暇接；走进“百菜园”，以色列的五彩椒，日本的樱桃、西红柿，吊在半空中的西瓜，以及肥美的木耳菜会给你一个惊奇，高科技的立体种植和无土栽培，让你对传统农业的认识大跌眼镜，100多种从国外引进的蔬菜品种，让人耳目一新。带着孩子到特禽养殖区看看，美国的绿头野鸭、圣伯纳犬、波尔山羊……一副副可爱的小模样让人怜爱。参观完了，可别空手而归，到农家园体验一下亲手采摘的乐趣。这里不仅有供孩子们嬉戏玩耍的儿童乐园，而且还有竹排漂流、水上蹦极、攀岩等35个游客参与性极强的项目。疯狂地游玩过后，千万别忘了品尝这里地道的农家饭，菜肴飘香，令人大快朵颐。

⊙北戴河海滨沙软潮平，海岸辽阔，是海水浴、日光浴、空气浴的优良场所。

梦幻之地，孔雀之乡
——西双版纳

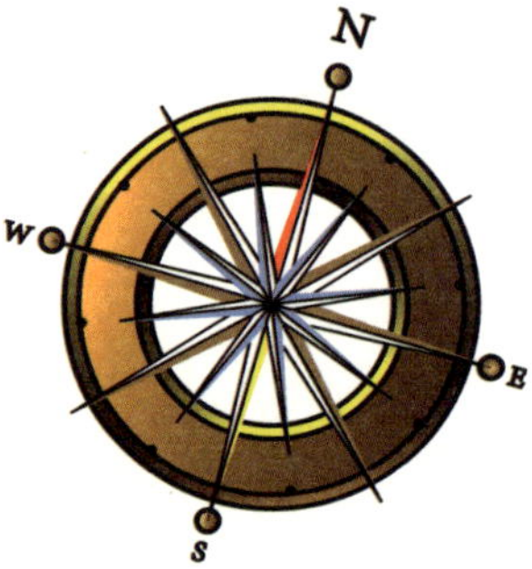

★必去理由 大自然的优美画卷

★适宜季节 10月~次年6月 ★适宜人群 老少皆宜

西双版纳，古代傣语为“勐巴拉那西”，意思是“理想而神奇的乐土”。美丽富饶的西双版纳傣族自治州位于中国云南省南端，东南部与老挝接壤，西南部与缅甸交界，州府景洪市。由于日照充足，雨量充沛，年平均气温较高，非常适合热带、亚热带动植物生长和繁殖，所以西双版纳素有“植物王国”“动物王国”“药材王国”三大王国的美称，具有非常独特的在中国其他地区很难见到的亚热带风光。独特的热带雨林风光和淳朴的民族风情，使西双版纳成为国内的旅游热点之一。来到西双版纳，你会被一种莫名的震撼所俘获，那神秘的雨林、婀娜的傣家风情，还有那掩映在凤尾竹下的庄严佛塔、佛寺，让人不能忘怀。

美丽的西双版纳给人的印象犹如一幅幅优美的画卷：茂密的原始森林中，野象悠然漫步，孔雀和白鹇鸟在林中飞翔；修饰得美轮美奂的田园上，凤尾竹姿影婆娑、槟榔树亭亭玉立……掩映这傣家的竹楼、露出缅寺佛塔的金顶；傣家妇女婀娜的身姿，沐浴在夕阳染红的澜沧江边，像一群群孔雀在水中嬉戏……

西双版纳素以山清水秀、动植物资源丰富而闻名。这里的山起伏连绵，如波涛在碧海中涌动；清可见影的江河环山而流，像银丝穿着串串翡翠。平坦的坝子坐落在青山环抱之中，堆金泛银。切割深浅不一的群山间，飞瀑直泻而下，有溪流潺潺涌动。浓荫覆盖的大地上，藏着峰丛石林、摩崖石窟和大自然雕凿成的象形奇石。

去过昆明的人，都惊异于那物美价廉的鲜花。西双版纳的鲜花更多，五彩缤纷、争艳斗奇，开的就如热带的阳光一样热烈奔放。形状各异的鲜花，似蝴蝶、似虎须、似羊角、似猫耳、似蜘蛛……与艳丽的花朵共生的植物叶片更是奇形怪状，如羊蹄、如鱼尾、如龟背，有的叶还具有滴水尖叶。在这个大花园里，有那香飘林间的九里香和怪味袭人的疣柄魔芋，有那具红、绿、黄三色的嘉兰，红、白、黄三色的使君子，苞片形如花瓣的五叶金花，也有夜间才展露芳容的照夜白，有闻歌起舞的跳舞草，有触动即闭合的含羞草，有形如舞女在翩翩起舞的舞女草……许多落叶乔木的换叶期又盛逢花期如紫铆、云南石梓、粉花羊蹄甲、火筒树等，繁花满树，使整个雨林的群落极富生气，华丽异常。

西双版纳的热带雨林，是大自然精心绘制的一幅美丽画卷。你不但可以观赏到以望天树为代表的高大乔木直刺蓝天的英姿，还可以欣赏到大果油麻藤、扁担藤等藤本植物如巨蟒般缠住古树，向上攀沿，结成一张张无边藤网的奇观。雨林中的奇生绞杀现象，更是令人拍掌叫绝。这些由鸟类啄食果实后将种子带到古树缝隙中发芽生长的植物，有的与附主共生共长，和平相处；有的往往形成网状紧紧包住附主与附主争夺养料和阳光，最后恩将仇报，残酷地绞死附主，自己取而代之。你也许想象不到，在这美丽的密林中，寂静中仍然有着残酷的生存法则。

雨林中生长着许多可食用的野果。如果运气好的话，能摘到野荔枝、三杈果等。足够幸运的话，还可以观赏在海芋树上荡秋千的猴群，野象在林间悠闲漫游，孔雀开屏，这些如诗如画的天然风光使你忘记都市的喧闹，忘记忧愁，全身心融入神奇的大自然之中。

西双版纳这块神奇的土地，还培育了许多摇曳多姿的秀竹。西双版纳的人民自古就与竹子结下了不解之缘。这儿的每一座山、每一条河、每一个村寨都与秀竹相伴，这块土地上的人们都有种竹、赏竹、用竹的习惯。

“有一个美丽的地方，傣族人民在这里生长，密密的寨子紧紧相连，弯弯的江水碧波荡漾。”这是一首优美动听的傣族歌曲，也是傣族村寨的真实写照。傣族村寨本身就是一幅美妙绝伦的田园风光，不需要点缀，也无需衬托。的确，凡是到过傣乡的人们大多被傣乡水墨画般的

风景所陶醉。一首《月光下的凤尾竹》把多少人带入那竹林影映下的傣家竹楼中。摇曳多姿的凤尾竹之所以享誉中外，更是离不开傣家竹楼的衬托。傣乡盛产竹子，竹子与傣家人似乎有着说不完、道不尽的情义。

傣族恋爱习俗

西双版纳各少数民族的青年男女恋爱都比较自由，父母很少干预。傣族青年十六七岁即开始“串姑娘”，选择心上人。方式多种多样，有串寨、串门、串纺线场、贺新房、赶摆、丢包、泼水、荡秋千、看电影、逛公园等方式来发现、选择自己的意中人。

神奇的东方女儿国
——泸沽湖

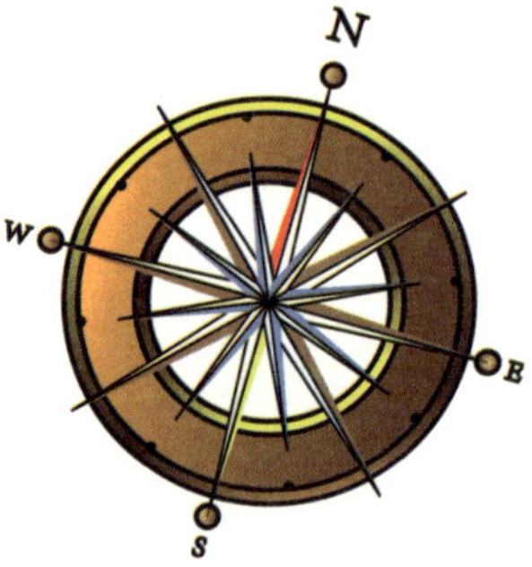

★必去理由 在这个世界里，有着独一无二的奇婚异俗和家庭观念，时时给予人们新的冲击

★适宜季节 4月～5月 ★适宜人群 喜爱异族风情的览胜者

《西游记》里写道，在唐僧师徒取经西行的途中，有一个没有男子的神秘国度，在那里，女人们通过饮用子母河的水繁衍后代。实际上，在世界各国的民间传说中，都有过许多关于女儿国的传说，但是真正存留至今的，恐怕只有泸沽湖的摩梭人了。

泸沽风光

泸沽湖坐落在川滇交界处的云南宁蒗彝族自治县境内，海拔2690米，是一个由断层陷落而形成的高原湖泊，也是整个西南地区最高的湖泊。

被摩梭人称为“母亲湖”的泸沽湖，素有“高原明珠”之称。泸沽湖藏在川滇边界的深山之中，离最近的县城还有3个多小时的车程。交通的不便，使它没有受外界的影响，生态环境也没有被污染，整个小山村处在宁静安详的气氛之中。在弯弯曲曲的山区公路上行进，沿途是茂密的原始森林，浓荫蔽日；山花烂漫，点缀在清清的小溪两侧。一路上都是都市人所心折的惊喜，而路的尽头，一个犹若世外桃源般的惊喜在等待。

泸沽湖面积很大，湖中有5个全岛、3个半岛和一个海堤连岛。湖中各岛林木葱郁浓翠，水面清澈如镜，偶有藻花点缀其间。湖水竟是如此清澈、纯净，浅水处，可以清晰地看到下面的水草。坐着摩梭人的小船，在这样的水面上滑过，看着高原上的蓝天映在碧绿的湖水里，数着湖面的云的倒影，探下手去似乎就能摸到水草的柔枝，心便也和湖水一样澄澈宁静。

泸沽湖的传说

相传摩梭人尊崇的格姆女神不仅容貌美丽，而且十分风流，从不甘寂寞。她和泸沽湖境内的“瓦汝卜拉”男山神保持着长期阿夏关系，但又同周围的“瓦哈”“阿纳”“则枝”“后龙”和盐源县境内的公母山等建有临时阿夏关系。格姆女神只能在天黑后和男山神幽会，鸡鸣天亮前离开，否则就要受到天神的刁难。

有一次， 格姆和后龙一直纵情欢乐，忘却了一切。正当他们情意绵绵之时，突然听到了远方的鸡鸣声，后龙慌忙跳上马背，扬鞭催马欲去。不料马失前蹄，在山下踩出一个深深的马蹄印。格姆不愿就此中断了这绵绵的情意，一边呼喊后龙，一边追赶。追到马蹄印边时，天已启明。女神站在马蹄印边，伤心地哭了七天七夜，泪水填满了马蹄印，变成了一个马蹄状的“谢纳咪”，即泸沽湖。而有一部分泪水向东面溢了出去，即成了草海。后龙听到哭喊声，深情地回头一望，万分留恋地将自己身上的珍珠串抛了过去，送给心上人作留念。没有想到串线断离，有几颗珍珠落到泪水里，于是变成湖中的几个小岛。后来，每年农历七月二十五日，摩梭“母系”氏族为消除女神的寂寞，都去同她做伴，阿注（男朋友）、阿夏（女朋友）在“啊哈叭腊”那粗犷豪放的歌声中传递爱的信息。

摩梭人家

泸沽湖畔的泸沽湖镇，车辆很少，没有集市，居民也不多，静静地卧在湖边。镇子里摩梭人的居所，倒是很有特色，全是用圆木巧妙垒成的。摩梭人自己称它为“木摞子”。讲究一些的“木摞子”分为不同的功能区，有正房、经堂和饲养牲口的木棚，以及在走婚中非常重要的花房。“木摞子”呈回字形，朴实可爱，也很实用。

摩梭人是纳西族的一支，信仰也应该是东巴教。泸沽湖中的岛上还有喇嘛庙。湖畔有专门接待游客的人家，为游客提供饮食和出行的工具。在摩梭人家吃过风味地道的家常菜，再由主人撑着名叫“猪槽船”

的独木舟带你去游湖，省去了许多麻烦。摩梭人大都很热情也很朴实，即使是吃游客饭的，也不像有的地方那么会算计。与他们相处，自然又舒畅。

男不婚，女不嫁

世代生活在泸沽湖畔的摩梭族人，至今都保存着“男不婚，女不嫁，结合自愿，分手自由”的母系氏族婚姻制度。

这种独特的婚姻方式，当地人称之为“走婚”。男方到女方家，通过“走”来实现“婚姻”的内涵，也即是夜晚男方到女方家投宿，次日清晨又回到自己家中，双方都不是对方家庭的成员。这种关系，可

⊙ 泸沽湖

以长达数十年，也可以只是昙花一现。而且并不是一对一的形式，可以只有一个固定对象，也可以与更多的人偶居。结合的自愿，解除得也容易。如果双方中的一方发觉对方不合适，只需要简单地说一句“以后不要来了”就行了。由于成员关系简单，摩梭人没有什么婆媳、妯娌矛盾，大家庭相处得也很融洽。家庭的血缘关系由母系亲属决定，家里没有父亲，家里的财产均是由母系成员来继承，子女随母姓，跟着舅舅长大。在摩梭人的母系大家庭里，以母为尊，以女为贵，女人才是家庭生活和生产劳动的主心骨，生男不生女就意味着绝嗣。这倒是和中国大多数地方的乡俗恰恰相反。摩梭人的婚姻随意而不随便，想要找到自己心仪的“阿注”，必须要有引人之处和过人的才艺。云南地方崇尚黑，男子以黑为美，摩梭人的男人们，往往都是皮肤黝黑，身材健壮，有种山野的豪放和坚韧，跟平原地方的男子大不一样。摩梭人以能歌善舞著称，用他们的话来说，刚学会说话就能唱歌，刚学会走路就能跳舞。要讨得情人的欢心，必须过打跳和对唱这一关。每晚镇上都有表现这一幕的篝火晚会，男男女女围着火堆唱情歌，拉着手跳舞。虽然是给游人助兴的节目，但是摩梭姑娘小伙们的歌舞还真的是很不错的。

摩梭人的爱情，来的突然，去的容易，但又并不像人们想象的那样不堪一击。爱情，到底是一起慢慢变老的天长地久，还是曾经拥有的那份心动。不同的生活方式下人们有着不同的理解，也许根本就不存在孰是孰非。也许，只有摩梭人才真的懂得，爱情最起码的是快乐。

走婚

夜晚湖边的篝火晚会只是余兴节目，没有哪个摩梭姑娘会真正地在那里寻找意中人。听当地人说，要想真正地走婚，就得在泸沽湖租一匹马到深山里寻找，如果遇到自己可意的摩梭女子，一定记住要抠对方的手心，如果对方回抠的话，那就表示她对你情投意合，你当晚就可以跟她走了。不过，在白天，姑娘家可就没有你的立足之地了。

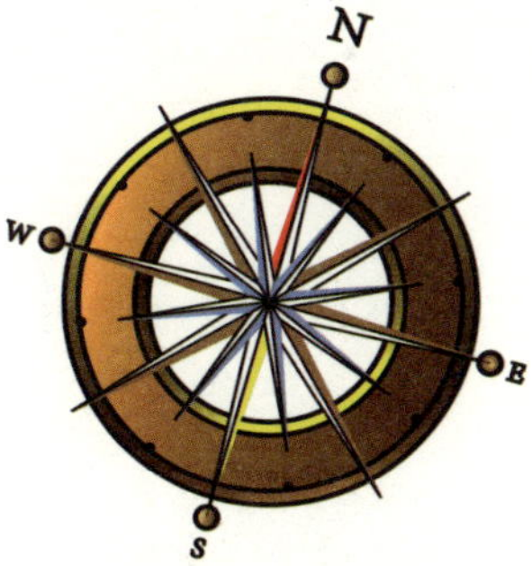

小桥流水人家
——周庄

★必去理由 中国第一水乡，一幅“盈盈碧水相环，楼阁隔河相望”的水彩墨画

★适宜季节 四季皆宜 ★适宜人群 向往古镇水乡宁静秀美的人

江南水乡，小镇无数，一个个缭绕着水做的玉衣，轻柔柔的，亭亭玉立在现代大工业社会中。其中，周庄、同里、甪直、南浔、乌镇、西塘六个名字叫得最响亮，被人亲昵地称做六大“水乡古镇”。知名度最高的便是周庄。

当年旅美画家陈逸飞将双桥定格在油画《故乡的回忆》中，在美国展出，轰动一时。后来，名画被美国友人转赠邓小平，双桥成了一座中美友谊之桥。次年，画面荣登联合国的首日封，周庄也跟着横贯了五大洲四大洋。不知是画家的笔成全了周庄，还是周庄成就了画家的才华。就在这始料不及的轮回中，五湖四海的朋友蜂拥而来，挤满周庄的幽幽小巷，都想亲眼见见上得了联合国首日封的桥到底长什么样。

晚清老地图

要讲述周庄的历史，似乎是一件再简单不过的事情了，因为它并不像什么名不见经传的偏僻小镇，无史可查；也不是什么人迹罕至的穷山恶水之地，无迹可寻。事实刚刚相反——它太有名了！作为“中国第一水乡”、“江南小镇的典型代表”，有关周庄的各种旅游册子、摄影集以及书籍文字等等多不胜数，但是少有能给人留下深刻印象的。一色的水韵、一色的桥景，几近相同文辞风格，看似华丽而缺少思想的色彩。这样的周庄，看上去离生活太远，读起来让人乏味。

⊙ 古镇周庄

真正的周庄应该是什么样子呢？我们可以从一张老地图中看出些蛛丝马迹。这张老地图收于晚清陶煦编纂的《周庄镇志》中。陶煦是光绪年间的监生，周庄镇人，地图的绘制依靠的是最原始的踏勘和目测，但或许正因为如此，我们才更能相信它的真实可靠。地图上的周庄与今人的想象相去甚远，仅仅是白底版上一个个灰黑色的椭圆形。想得诗意些，你可以认为它们像一片片漂在水面的荷叶；想得粗俗些，其实就像乡下人在湿土上走过留下的歪歪斜斜的脚印。

“荷叶”也好，“脚印”也罢，实际上代表着水面上的一块块土地，即“圩田”。所谓“圩田”，就是在河滩、湖滨浅水之处筑堤，用堤圈围起来，抽干堤内的水而形成的田地。圩田之上，能种植高产水稻，江南的农业就是这样逐渐发达起来的。

如果再仔细看看地图，你会发现一个有趣的现象：这些圩田大都按东西朝向排列，大小形状也差不太多，显然是经过人工改造的产物。原来，像周庄这样一个我们认为纯自然的地方，早在清代光绪年间就不那么自然了。可以说，它是几代、几十代劳动人民从水中“打捞”上来的。

水墨周庄

周庄就是这么一个小小的村落，最初名叫贞丰里，后因北宋一周姓官人捐两百亩庄田为寺，才被当地人感恩地称做“周庄”，原名则渐渐被淡忘了。知道周庄有如此经历后，便对它怀有了一种朝圣般的虔敬；后又得知柳亚子、苏曼殊、陈去病等人曾在此诗歌酬答，更对它怀有了一份精神上的景仰。心目中，周庄应该有曲折回环的河道，整日唱着吱呀作响的摇橹歌，青石街道印记了岁月的磨痕，踩上去能发出清脆的声音，那里该是唱响水乡晨曲的最佳选地，该是撑一柄油纸伞漫步的静谧之土……可是，真正到了周庄后，古镇、小桥、流水；狭长的青石板街道、错落有致的明清民居；檐下的灯笼、临河的格窗、窗前的女子，却让自己发现周庄其实是一幅充满古色古香的水墨画卷。这一点，沈厅就可为证。沈厅原名敬业堂，是江南巨富沈万三后裔沈本仁于清乾隆七年（1742年）建成的，清末时又改为松茂堂。沈厅是典型的前厅后堂格局，前为水墙门、河埠，中为墙门楼、茶厅、正厅，后为大、小堂楼与后厅屋，不但体现了明清建筑风格，也体现出了江南水乡的特点。沈厅最值得人回味的不是古雅的墙门楼、华丽的厅室，也不是梁柱上的精雕细刻与古色古香的家具摆设，而是设计颇巧的“走马楼”，走马楼环绕楼屋一周，由过街楼和过间阁组成一个方形的楼间通道，既可通过木格窗俯视厅室，也可在楼间阁小憩、游玩，加上天井中的茂林修竹，可供四季观赏。

比沈厅还老的是张厅，为明代建筑。张厅规模远不如沈厅，但是格局却很特别，进门两侧是厢房楼，楼下有蠡壳长窗，楼上有蠡壳短窗。大厅有罕见的木鼓墩，旁边有一条幽深长弄，弄底有一小河，俗称“箸泾”，可通小船，河岸设有一排“美人靠”。一派“轿从前门进，船自家中过”的情景，令人着迷。

周庄的桥是不能不说的。一座座的石桥横跨在水巷上，阳光照着石桥和石桥上的人，也照着水中的石桥和人淡墨似的倒影，这情景最能体现水乡神韵了。碧水悠悠，绿树掩映，小船在桥洞中穿梭，老人在桥上小憩，农妇在桥畔浣纱，其情融融，其景美妙。尤其是双桥，由世德桥和永安桥联袂而成，十分别致，在江南水乡更不多见。双桥桥面一横一竖，桥洞一方一圆，样子很像古时候使用的钥匙，故俗称“钥匙桥”。或许这钥匙正是用来打开锁住周庄那份恬淡的锁的，如果没有陈逸飞那幅画，不知今日的周庄又会是怎样的情形。

小桥流水人家

周庄还有更可贵的东西，那就是一分闲情，二分雅趣。信步走过渔家的门楼前，可见到秀美淳朴的渔家妇女坐在门楼下做着手中细活，

⊙ 江苏周庄

能望到院内幼童伏案的身影。树荫下有位耄耋老者仰身躺在一张藤椅上，不紧不慢地晃动着手中蒲扇，面前是一张古旧的红木八仙桌，桌上紫砂的茶杯、茶壶，悠悠地散发着古老的香气。可能是一身学生装的我引起了老人的注意，伸手招呼我过去，这异乡的礼遇岂敢怠慢，赶忙走上前恭恭敬敬地问声好。没有寒暄，有的是如久别后长者的可亲，问我可是坐船来的，可是还在上学，随后就冲着旁边一所小院内唤了几声，便有跟我一般大的女孩一手提小凳，一手提一壶开水，笑盈盈地从院里走了出来，老人说我跟她这孙女年纪相仿，喝杯茶歇歇脚再玩。于是，原来壶中的剩茶用来犒劳了擎着荫凉的大树，女孩揭开茶壶盖，用三根细葱手指轻捏两三撮茶叶，放入壶中，倒水，冲泡，一道道工序做得极细心。伴着一缕茶香飘然而至的还有她银铃般的声音：“这是我们这里的阿婆茶，自家里冲的，味更地道。”端起茶杯呷上一口，果真是醇厚无比，香飘四溢。茶好，人更好。

喝着阿婆茶，忽感到此处的安静是那么地充实，感觉这才是真正的水乡所在。有时候，美就是这样，任凭你千百回在梦中描绘它，渴望它，如果不是真心实意“执著而求”，很可能就会“咫尺天涯”……

难忘阿婆茶

周庄的“阿婆茶”在江南水乡颇有名气，是周庄所特有的一种民间习俗。据说到了周庄，如果没有吃阿婆茶，那就不算真正到过周庄。在周庄，吃过阿婆茶的人，将会品出水乡古镇的味道来。而阿婆茶在周庄流传已久，甚至都很难考证是哪一年开始的。

阿婆茶，顾名思义，就是中老年妇女们喝的。长日无事，阿婆们便聚在一起喝茶闲谈。话题无非是柴米油盐，家长里短。如有婆媳失和，邻里争执之类的矛盾，阿婆们也会在喝茶时评断是非的。后来，这一习俗在周庄流传开来，最终成为当地一大特色。如今在周庄，经常可见男女老少围坐一席，杯杯清茶，碟碟茶点，悠然自在，边吃边谈，有说有笑，其乐无穷。

周庄人的吃茶方式十分讲究。年老长者至今仍保持着炖茶这种古老而又别具风韵的喝茶方式。家中放置一只大龙水缸，水缸里积蓄着下雨天落到里面的水。吃茶时，就从这水缸里舀出水，倒进陶瓦罐中，搁在风炉上，用树枝烹煮。沏茶用密封的盖碗或紫砂茶壶，放入茶叶，先用少量沸水点“茶酿”，然后将盖子捂上，等待片刻，再将开水倒满杯子，这样冲出来的茶尤为清香浓郁，甘冽爽口。就连台湾女作家三毛吃过阿婆茶后也爱上了它。

在周庄吃阿婆茶，不仅方式讲究，连规矩也是颇为自成一体。东道主定于某日要请吃“阿婆茶”，数天前就四出邀请，筹备茶点。当天洗涤茶具，摆设桌椅。到了约定时间，宾客情趣盎然从四面八方而来，宾主相互招呼，依次就座。东道主全家便热情招待，开始冲茶，剥糖果，抓蜜饯，削水果，于是大家便天南海北叙谈。东道主冲茶时，必先点茶酿，后冲满杯子，表示真诚待客。客人吃茶至少要喝“三开”（冲三次开水）方可离席。阿婆茶散后，大家拱手告别，临别时有人约定下次阿婆茶的东道主、时间、地点。

时至今日，阿婆茶在周庄已成为交流思想、传递信息、社交公关、文化娱乐的渠道。随着经济的发展，旅游的开发，周庄阿婆茶已推向市场，成为周庄一大特色。

水乡精灵乌篷船

于周庄这被水环绕的一方土地上，任凭你是骑着汗血宝马的古代显贵，还是驾着名贵跑车的当代富豪，你的座驾来到周庄，就会显得异常无奈，可恨它们生来没有涉水的本领。在这里，唯有船才是最合适的交通工具，也只有船才能在这里来去自如。在周庄人和水打交道的近

⊙ 周庄双桥

九百年历史中，他们制造出了各式各样的船，乌篷船、快船、周庄舫等等。每一种船都其自身的特点，每一种船都透露出周庄的独特。

在周庄的河面上，见到的最多的就是乌篷船。它们来来往往、川流不息，接送八方游客欣赏周庄的美景。这乌篷船行起来轻快自如，泊下时亦悠闲淡雅，独处一方时别具一格，成群结队时则浩浩荡荡，乌篷船是水乡的精灵，更是水乡的风景。数百年来乌篷船载着周庄的人民活跃在江南水乡，乘着乌篷船，他们开辟了周庄的历史，创造了周庄这一片独特的天地。

乌篷船这名字的来历并不深奥，它因篾篷漆成黑色而得名。船篷用竹片、竹丝编成半圆形，中间嵌夹箬叶，制成后用烟煤粉和桐油拌搅涂于船篷。当地方言“黑”叫“乌”，乌篷船由此而得名。

这些船只构造十分精致，在船头上，雕刻有似虎头形象的动物“鹢”，其神态似在微笑，又有些可怖。关于这“鹢”，还有一段民间传说，古时这里是一片泽国，在唐闸建成之前，大小河流直接流入大海。海里经常有恶龙出来作怪，危害一方百姓。而“鹢”生活在海里，喜欢吃龙，龙见了它就跑。于是船民就把“鹢”的形象刻下来，放在船头，使恶龙不敢伤人，船的安全也就有了保证。

在船头两侧，还摆有两个雕凿狮子的石墩，最考究的还用白铜制作。前舱下船要走几级扶梯，两边各有一块搁板，可放东西。这里铺上板，就可搭成看戏台；在前舱和中舱之间，设有书画小屏门，写有“寒雨连江夜入吴”、“月落乌啼霜满天”一类的诗句，画有梅、兰、竹、菊之类的图案；靠中舱的两侧有“十景窗”，可摆书籍或糕点；后舱设有睡铺和炉灶。这种乌篷船的船身较为高大，篷高可容人直立，舱内可放置桌椅，供游人打牌、饮宴。船尾至少备有两支橹，航速较快。

来到这里的游客，都会雇上一条乌篷船，拨开乌篷，可坐可卧，耳听潺潺流水和“嘎吱嘎吱”的躅桨声，眼观两岸的山水、田园风光，别有一番韵味。

永远的伊甸园
——香格里拉

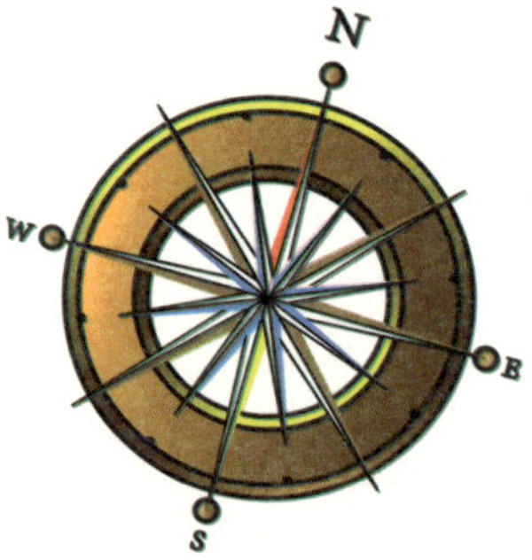

★必去理由 世外桃源的现实，承载着民族的、宗教的、自然的、理想的和哲学的思想与美

★适宜季节 夏秋两季 ★适宜人群 老幼皆宜

“这美丽的香格里拉，这可爱的香格里拉，我深深地爱上了她，你看这山隈山涯，仿佛是装点着神话，你看这花枝低丫，分明是一幅彩色的画……这可爱的香格里拉，这美丽的香格里拉，是我们理想的家……”

1933年，英国作家詹姆斯·希尔顿出版了小说《消失的地平线》，用瑰丽的文字向世人描绘了一个充满诗意和梦幻、飘荡着田野牧歌的理想的天国——香格里拉，在那里，能同时看到巍峨的雪山、壮丽的峡谷、纯净的湖泊、广阔的草甸、鲜艳的花海……随后，该书被拍成电影，迅速风靡世界。从此，“香格里拉”，这个美丽动听而又遥远陌生的名字，这个“世外桃源”与“伊甸园”的同义词，如同一个巨大的悬念，足足跟随了人类半个多世纪，终于在1997年9月14日，被确认在云南的迪庆。

梅里雪山太子十三峰

香格里拉是一个“雪山为城、江河为池”，“群山蕴宝、众水流金”的美丽神奇的地方。其中的梅里雪山太子十三峰更是香格里拉最著

⊙ 云南香格里拉自然风光

名的一景。

太子雪山位于升平镇西，澜沧江畔。它百里相连，冰峰横亘，平均海拔6000米以上的雪山就有13座，称为“太子十三峰”。其中主峰卡格博峰海拔6740米，是云南第一高峰。卡格博，藏语意为“白色雪山”，俗称“雪山之神”，是藏传佛教的朝觐圣地。传说是宁玛派分支伽居巴的保护神，位居藏区八大神山之首，当地人称为“巴何洛登地”。

朝阳初升之时，也是雪山最美之时。当第一缕阳光印在卡瓦格博的金字塔形的峰顶上，几乎是同一时间，海拔奶日顶卡峰和缅茨姆峰的峰顶也被染成金黄色。不到20分钟，太子十三峰全部被染成一片金黄，而卡瓦格博峰更加像一个雄姿英发的雪山太子，只有在近的距离，你才会明白为什么人们把“世界最美之山峰”的美名送给它。

雪线以下，是广阔茂密的草甸牧场。触目所及，是花的海洋。

洁白的雪山变得金黄，绿绿的草甸点缀着鲜艳的花朵，如诗如画。再加上海子里碧蓝清澈的湖水，倒映着蓝天、雪山、白云、红日，简直就是幻如仙境。

松赞林寺

从香格里拉县向北望去，在宽阔的草原尽头，群山之间，有一座集镇规模的建筑群，极高处的屋顶上有鎏金铜瓦，熠熠发光，夺人眼目。这片近乎古堡群似的建筑，就是松赞林寺。松赞林寺整个建筑模仿西藏布达拉宫设计，是迪庆地区规模最大、最具特色的藏传佛教寺庙。在开满野花的原野上，500亩的规模使它看起来很像是一个缩微的布达拉宫。

眺望这远离喧嚣的喇嘛寺庙，厚重庄严的土黄高墙，黑色的窗框，顶平得几乎看不到瓦楞，鳞次栉比，在烟云笼罩中酝酿着一种肃穆神秘和苍凉雄浑。到近处一看，真是一处由岑寂幽奥庇护着的祖址。整个寺的建筑借助向上的造型，渲染着一种崇高而庄严的感觉。缓缓的诵经声在空中回荡，又似乎和空气凝成了一体。

寺内右侧废弃了的旧寺，有着板筑夯成的厚厚的土墙，上面蔓着

⊙梅里太子雪山常年隐藏在云雾之中，只有每年与虔诚的教徒们见面的时候，她才揭开自己的神秘面纱。每年秋末冬初，一批批善男信女不远千里，徒步赶到神山下虔诚地祭拜。

茸绿的苔藓，齐人高的蒿草，山墙断垣生着一支支烛形般的菇草……顽强屹立的断垣残壁不禁使人感到一种历史的沧桑美，还让你不得不佩服它对故土的依恋和执著。

纳帕海

离开松赞林寺后直奔纳帕海。一路上，视觉的冲击力高潮迭起，精彩总在等待，而歌声在不经意间洒落："香格里拉并不遥远，她就是我们的家乡……那里四季常青，那里鸟语花香，那里没有痛苦，那里没有忧伤，传说是神仙居住的地方……"

纳帕海在藏语中被称为纳帕错，汉语意为"森林背后的湖"。千百年来，黑颈鹤飞来飞去，海水和草地交织变幻，就像生命的轮回在眼前流转不息。导游告诉我们，纳帕海是一个季节湖泊，水面从不固定。每年夏季，四周山上的积雪融化流入纳帕海中，纳曲河、奶子河等河流也注入海中，形成四面青山环抱，湖面波光粼粼的迷人景观。至秋季，湖水由山脚九处落水洞从尼西排出，流入金沙江。纳帕海变成一片高山草甸，正是牧民放牧的黄金季节。成群的牦牛和滇种马在草甸上悠闲觅食，湖边的青稞架上晾晒着成熟的青稞，呈现出一片宁静祥和、丰饶美丽的高原景色。冬季来临，皑皑白雪峰倒影在湖泊中，黑颈鹤、斑头雁、野鸭等纷纷从遥远的北方飞来这里过冬，这里又成了一个鸟的世界。

天生桥

从香格里拉县城驱车向东约走10千米，就到了天生桥。天生桥在香格里拉人心中早演绎为具有神秘色彩和美好含义的地方了。藏语称天生桥为"白穷闹脖"，汉语可译为"莲花生走过的天桥"。相传当年莲花生被请到西藏后，翻译佛经，弘扬佛法。他常到各处游览视察，到硕

⊙ **迪庆的松赞林寺**

迪庆即传说中的香格里拉，松赞林寺是香格里拉规模最大、最具特色的藏传佛教寺庙，模仿西藏布达拉宫设计而成。

多冈河畔时，正值盛夏，暴涨的河水挡住了去路，只好住到河边的神山上。山神得知莲花生被水阻隔，施展法术，从山上搬来一块巨石，在河上造起一座桥，莲花生就从这桥上过了河。过桥后，莲花生又在众山神为他开的温泉池子里沐浴净身。此传说使天生桥充满了特有的藏传佛教色彩，使人无形中产生虔诚之心。

从天生桥流过的硕多冈河也被藏族同胞赋予了顽强的性格：传说硕多冈河和从中甸城流过的那曲河是一母所生的姊妹俩。她俩为了投奔大海，从雪山上同时出发。来到天生桥时，被坚固的石崖挡住了去路，姐姐那曲河退缩了，改道流向大中甸草原，妹妹硕多冈河不畏艰险，冲破石崖向前奔流……天生桥还给人留下另一种神秘感：传说当年木天王在天生桥附近动用人力开采此处所产的形如竹筷的筷子金，这些筷子金还没有派上用场，木天王就濒临死亡，临终时，把开采到的黄金埋在了天生桥附近。这种传说据说真的引来了不少探宝者，却不曾有获宝者。

天生桥四周山势蜿蜒秀丽，传说中莲花生沐浴过的水池就是天生桥附近的地热温泉。每到春节，藏族同胞就来此洗澡，据说由此可洗却一年的烦恼。我们没有洗温泉，只是回味着那美丽的传说，在广远山水间观赏到草场特有的景观：茫茫原野，琼花瑶草争奇斗艳。成群的牛羊随草海起伏，好一派“风吹草低见牛羊”的景象。

香格里拉是在时光长河的洗涤中，永恒祥和的净土，绵绵青山，曲曲江河，繁花遍地，牛羊成群，淳朴的牧歌悠扬，就像一条洁白的哈达在空中飞舞。香格里拉是一个融合大自然生命永恒轮回的圣地。

⊙ 美丽的香格里拉千湖山

世外桃源，人间仙境
——张家界

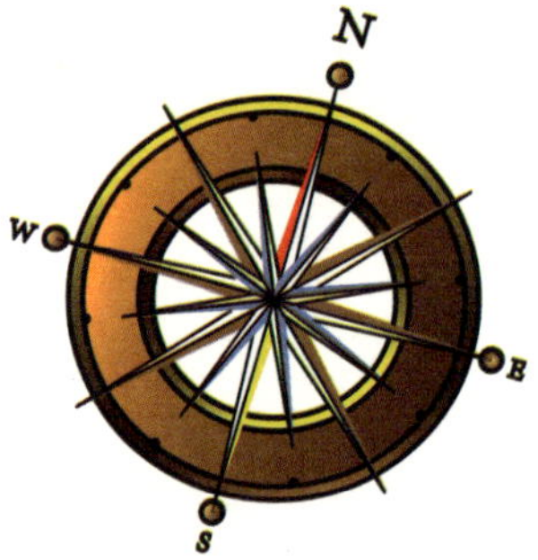

★必去理由 “中国山水画”的原本，“世外桃源”的现实

★适宜季节 四季皆宜 **★适宜人群** 老幼皆宜

张家界是我国第一个国家森林公园，19世纪70年代才被发现。相传，汉高祖时留侯张良为了不让“飞鸟尽，良弓藏；野兔死，走狗烹”的悲剧在自己身上上演，就效法范蠡功成身退、隐居江湖的做法，来到大庸，并在此地留下张氏子孙，故取名“张家界”。然而张家界之名扬天下，并不是因为留侯的典故，而是因为它的美丽。有人说：如果说有一个人间仙境，可以因为它的美丽而让世界震惊，让人不忍回忆，那必然就是张家界。

的确如此，张家界是中国山水画的原本；张家界是“世外桃源”的现实版本；张家界是“五步一个景，十步一重天”；张家界是“扩大的盆景，缩小的仙境”；张家界是真正的蓝天碧水……

在你亲临张家界之前，你或许会说这些不过是溢美之词，但当你真正走进张家界后，你就会真真切切地感受到张家界确实很美，那是一种苍凉的美，原始的美，野性的美，雄奇的美，大气的美。否则，香港著名摄影家陈复礼也不会大言：“张家界纳黄山桂林之美，溶庐山南岳之秀，就奇山异峰的集中和清新来说，比世界上一切名山大川都好，都美！”否则，著名山水画家张文俊就不发出“张家界有泰山之雄，华山之险，桂林之秀，黄山之变化，诸山之美兼而有之，为我平生之罕见”的感慨了。

黄狮寨

早闻“不登黄狮寨，枉到张家界”，所以到张家界后的第一站自然就是黄狮寨了。黄狮寨是张家界诸景之冠，海拔1080米，四周峭壁削立，只有前卡门与后卡门两条独路可通寨顶。

说实话，站在山脚下，一点也感觉不到张家界的神奇与美丽，因为它很普通，几乎和以前所见过的任何一座山、任何一潭水没什么两样。但是当我沿着曲曲折折的山路前行，尤其是站在黄狮寨的寨顶的时候，就有了前所未有的感觉。

⊙ 宝潭飞瀑

在攀登前卡门的路上，但见千峰插地，怪石如林，海螺峰、一线天、天书宝匣、南天一柱等景点，不重样地伴随着我一路登上黄狮寨的寨顶。黄狮寨的寨顶是一个宽阔的平台，足有200多亩。我相信任何一个未到过那里的人，都绝对想象不到在这么巍峨的高山之巅居然还有如此宽阔的台地，就好像是凭空升起来的一样。站在上面的感觉除了惊险、刺激外，还有的就是对大自然鬼斧神工的惊讶。

黄狮寨寨顶简直就是一个天然的观景台。如果赶上个大晴天，站在那里遥望群山，会看见密林深处有缕缕白烟窜起，先是聚为柱状，然后慢慢弥散。白烟消失后，云团、云带又从山腰涌起，扑向山头，蔚为壮观。雾气中、阳光下，姿态各异的红砂岩，有的如仰天长啸的雄狮，有的如俯首低吟的苍龙，有的如即将展翅高飞的雄鹰，有的又如正在修炼的千年古佛……如果是雨后站在那里，则会看见白雾自峡谷升起，愈来愈大，愈来愈浓，最后将整个黄狮寨淹没其中，只留下点点孤峰，飘浮于云海之上。

天子山风景区

天子山海拔1262米，也是张家界风景区最著名的风景区之一。天子山主要以千姿百态的奇峰怪石著称，境内的西海是它的标志性风景游览区。西海简直就是一个山的海洋，只要你选择一个具有一定高度的地方停下来，举目眺望，就会有头晕目眩的感觉，成千上万座山峰——你甚至可以说它们是峰柱、石柱或者就是一块巨大的石头——巍然而立，好像正在等着你发号施令的千军万马。

远远地看过去，奇峰林立，万石峥嵘。一座座凭空而起的奇形怪状的巨大岩石林立，或如雄狮，或如饿虎，或如巨鸟。当然其中也不乏像仙女献花、芙蓉出水、孔雀开屏这样的妩媚优雅者。

再看西海谷底，幽深静穆，似有一老者徘徊于其间。那老者虽然已经在那里幽游了上千年，但他的身躯依然健壮，依然能够灵巧地逡巡在峰柱和峰柱之间。它的确是有生命的，不信的话，你朝它喊一声，它热情的回应会让你身心颤动。

除了石海，天子山风景区还有白雾缭绕的点将台、雾雨绵绵的神堂湾、神幻莫测的御笔峰等奇景，而集奇、险、秀、幽、野于一体的石林、云海、霞日、冬雪又堪称“奇中之奇”。此外，还有数不胜数的天桥、天池、古庙、天门、飞泉、洞府……

畅游于张家界风景区的任何一个地方，它都会以纯真的风采迎接你。而你，好像只是一个稍微的转身，眼前就会别有洞天。

⊙ 张家界最著名的风景之一——天子山

主要景点

黄狮寨、金鞭溪、腰子寨、琵琶溪、砂刀沟、后花园、朝天观、接风庙、清风亭、西天门等。

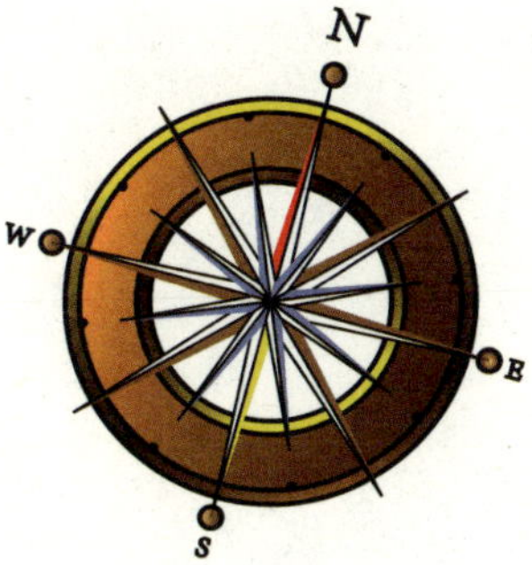

神奇的人间天堂
——九寨沟

★必去理由 佳景荟萃，神奇莫测的“旷世胜地”；不见纤尘，自然纯净的“童话世界”

★适宜季节 秋季 ★适宜人群 喜爱贴近大自然的都市人，体力强健者尤宜

位于巍峨的岷山山脉深处的九寨沟，在四川阿坝藏族羌族自治州境内，距成都400多千米，由于交通不便，长久以来九寨沟几乎成了一个与世隔绝的地方，仅有9个藏族村寨坐落在这片崇山峻岭之中。正因为人烟寥落，这里至今保存着原始的自然风貌，有着自己的独特景观。

水之精灵

水是九寨沟的灵魂，九寨沟的美离不了那一泓碧波，九寨沟的山林也因有了水而生动。九寨沟里山水相依，水树交融。山、林、云、天倒映水中，更丰富了水中景色，显得水色变幻无穷。梯湖水顺着山势从树丛中层层跌落，形成林中飞瀑，宁静翠蓝的湖泊和洁白飞泻的瀑布又构成了动静结合、刚柔相济的奇景。树在水边长，水在林中流，整个九寨沟就在这水流的环绕奔流下生生不息，充满了活力。

按藏族同胞的习俗，湖泊被称为“海子”。在藏族习俗里，每一个海子都有一个美丽的传说。比如藏匿于则查洼沟底部的五彩池，它的由

⊙ **九寨沟**

来就是：远古神女沃诺色姆的情人达戈送给她一面宝镜，沃诺或许是太高兴了，竟不慎失手把宝镜摔成了108块，而这108块碎片便成了108个被称为“翠海”的彩色湖泊。

海子的水终年明丽见底，而且随着光照变化、季节推移，呈现不同的色调与水韵。风平浪静时，蓝天、白云、远山、近树，倒映在湖中，水上水下，一时虚实难辨，如幻如真；微风初起，微波细浪，仿佛一幅

锦缎被铺开的一刹那，阳光照射之处璀璨成花。

“彩池”是九寨沟的独门密宝，它是阳光、水藻和湖底沉积物的“合作成果”。非亲眼目睹怎能想象，一湖之中竟有鹅黄、翠绿、绛红、碧蓝、赤褐等诸般色彩，色彩与色彩之间相互浸染，绚烂夺目。随着视角移动，色彩也随之改变，可谓一步一态，变幻无穷。

被誉为“九寨沟第一海”的长海，是在第四纪冰川时期形成的冰斗湖，九寨沟海子之源。长海海拔3060米，面积30万平方米，是九寨沟风景区内最大的海子。长海常年以雪山为伴，多少年来一直鲜为人知，直到20世纪70年代，才被进山的伐木工人发现。夏日里在长海荡舟十分惬意，而春秋两季，奇花异草倒映水中，恍若仙境，隆冬时，长海便成了一个硕大的冰湖，甚为壮观。加之传闻有怪兽在此处出没，更增加了长海的神秘色彩。

诺日朗瀑布

诺日朗瀑布位于日则沟与则查洼沟的分岔处，高24.5米，宽270米，是中国最宽的瀑布。发源于诺日朗群海，经过台阶状的坡地，层层下泻，形成梯状瀑布；水出海子区，顺着20多米高的悬崖跌落，雾气蒸腾，水花飞溅，景象十分壮观。是九寨沟的象征和标志。

九寨栈道

栈道原本是森林管理处为了保护自然景观、防止游人过多踩踏而修建的。但是栈道与九寨沟的风景浑然一体，不见雕琢，却更添风致。蜿蜒在九寨沟森林中的栈道，仿佛是一条丝线，把沿线的道道美景串成了一根光彩夺目的项链。整个栈道，或石块铺地，或栈桥凌空。充满着山林野趣，别有一番风味。在似断似续的幽径中穿行，路旁是盘根错节的古藤，苔藓散发着原始气息，山回路转，静池飞瀑宛如一个个惊喜，令人目不暇接，真如来到了一个天上人间的世外桃源。

藏区风情

九寨沟，因沟内有9个寨子而得名。这9个寨子又称为“何药九寨”。由于这里处于从汉区到藏族聚居区、由农区到牧区的过渡地带，因而有着浓厚的边缘文化色彩，这里藏族同胞的语言、服饰和习俗，与四邻的藏族同胞有着明显的差异。

藏族同胞的居所多是土木建筑，依山势而建，墙基是大块的石头，墙体垒土，以木结构为主。房子有大有小，由柱头的多少决定。藏族同胞的房顶很有特色，一般人叫它“榻子”，由于规格的不同，榻子还分为“汉式榻”和“藏式榻”。藏家的寨子很好辨认，建筑不多，寨墙屋顶却在山林中稍稍露出一角，有古朴的风味。

九寨沟的藏族同胞饮食非常简单，以青稞、玉米和小麦为主食。将炒熟的青稞磨成面做成糍粑，或是将它酿成青稞酒，就是藏族同胞最喜欢的食品和饮料。九寨藏族同胞的早餐一般是酥油茶和糍粑，中午吃烧馍，晚餐是酸菜面块，饭后再来一点青稞酒。肉食很少，以猪肉为主。清淡俭朴是九寨沟主人的饮食特色。

飘动的经幡，古老的水磨房，迟缓的牦牛……融化在这奇山异水、蓝天白云之间，使人有羽化登仙之感。

⊙ 五彩池

风吹草低见牛羊
——呼伦贝尔

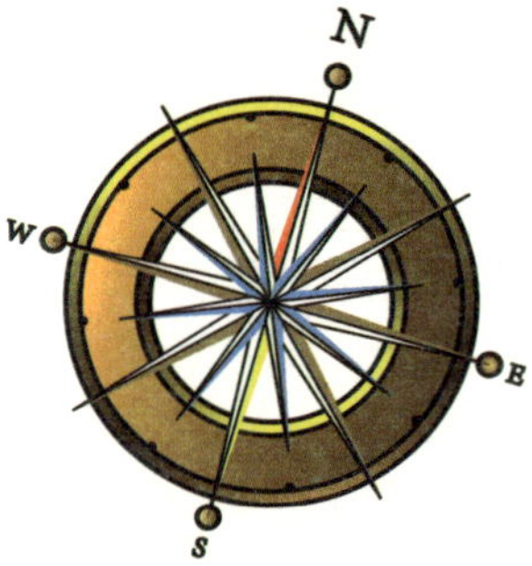

★必去理由 美丽的“牧草王国”，“天苍苍，野茫茫，风吹草低见牛羊”的真实写照

★适宜季节 5月~9月 ★适宜人群 老幼皆宜

呼伦贝尔草原是我国目前保存最完好的草原，水草丰美，生长着碱草、针茅、苜蓿、冰草等120多种营养丰富的牧草，有“牧草王国”之称。这里还是没有任何污染的绿色净土，据说这里生产的肉、奶、皮、毛等畜产品备受国内外消费者青睐，连牧草也大量出口。今天的呼伦贝尔草原，早已从昔日“幽静的历史后院”一跃成为“改革开放的前沿”，以往蒙古族的“逐水草而居”也已成为往事。

草原传说

呼伦贝尔草原距呼和浩特2000多千米，车刚驶进大草原的边缘，我就感受到了这里的“蓝天绿地”的独特魅力。这里除了绿色的草原，还是绿色的草原，呈现在我眼前的简直就是一幅巨大的绿色画卷。这无边的绿色让我感动。

但最让我感动的还是草原传说。呼伦贝尔得名于呼伦和贝尔两大湖泊。在蒙语中，呼伦意为“水獭”，贝尔意为“雄水獭”。关于“呼伦

⊙ 呼伦贝尔草原牧场

贝尔”名称来历的传说非常动人：很久很久以前，在辽阔的大草原上有一个勇敢的蒙古族部落，部落里有一对年轻男女，男的叫贝尔，力大无比，能骑善射，女的叫呼伦，能歌善舞，才貌双全。当时草原上妖魔作乱，为了拯救草原，呼伦、贝尔与妖魔奋勇搏杀，最后，呼伦为淹死众妖化作了湖水，贝尔为了寻找呼伦而投湖殉情。为了纪念他们，蒙古人把这两个湖取名为“呼伦”和“贝尔”。

多么动人的传说，光是这传说就足以让人神往。想象着微风轻拂着面颊，湖水泛着波光，静静地站在湖畔，聆听着两汪湖水互诉衷肠，将会是怎样的一番心情呀！

呼伦湖

经不住梦想中的诱惑，一路上我左顾右盼。“天苍苍，野茫茫，风

吹草低见牛羊”，民谣中的风光尽情地呈现在了我的眼前：草原上处处是成群的牛羊，空中飘荡着牧民浑厚的歌声，偶尔还闪过星星点点的蒙古包。路边牧民憨厚地伫立在草原上，朝我们做着蒙古族欢迎客人的手势，我们也回报他们以微笑。他们身上的蒙古族服装还让我想起电视剧中驰骋大漠、引弓射雕的草原英雄。

下车后，我们踏着青青的绿草，走近了呼伦湖畔。呼伦湖水域宽阔，碧波万顷，像一颗晶莹、硕大的明珠镶嵌在呼伦贝尔草原上。呼伦湖不仅以它的美丽、富饶以及多姿多彩的蒙古族风情吸引着各地游人，而且还吸引着南来北往的候鸟在这里驻足停留，使这里成为生物的王国、鸟类的天堂。这些鸟类当中有很多都是国家级保护动物。此外，呼伦湖周边710多平方千米的湿地已被列入亚洲重要湿地，在中国乃至世界生态系统中具有典型的代表性。

站在呼伦湖边，阳光照射在湖面上，湖水泛起一棱棱的红光，时而有袅袅的白雾从湖面升起，好一幅壮观的景象。呼伦湖是质朴、纯真的，同呼伦贝尔草原一样，有种未经雕琢的自然美。立于岸边，水天一色，更把呼伦草原映衬得宽阔无垠。当你站在这天水之间，遥望鸟儿展翅飞翔的时候，你才真正地体验到大自然的美，这是来自天地生命间的和谐共处，它向人们展示了一幅呼伦湖碧水、蓝天、白云、草原交织在一起的美丽画卷。

据当地居民介绍，冬季的呼伦湖是一个冰天雪地的世界。进入11月份，湖水就开始封冻。几千平方千米的湖面被冻得严严实实，太阳照下来，冰面晶莹剔透，更能体现出大自然造物的神奇。

民族风情

我们站在广阔无垠的大草原上，真有点不知所归的感觉，眼前绿茫茫一片，而渺小的我们就像沧海一粟，似乎只有时而扬起的牛马的鸣叫声和牧民苍凉而充满激情的歌声，才能唤回我们那几欲迷失在这空旷中的灵魂。

我们再也不敢让自己的思绪随意飞扬，生怕丢了魂魄似的钻进了“金帐汗蒙古部落”。“金帐汗蒙古部落”是呼伦贝尔唯一以游牧部落为景观的旅游景点。12世纪末至13世纪初，“一代天骄”成吉思汗

⊙ 呼伦贝尔草原

曾在这里厉兵秣马，最终成就了霸业。金帐汗部落的布局，就是当年成吉思汗行帐的缩影和再现。

在金帐汗蒙古部落，蒙古族兄弟精彩的赛马、套马、驯马表演，蒙古式博克、角力擂台赛、祭放包，萨满宗教文化表演及手扒肉、烤羊腿、涮羊肉……都让我有了一种返璞归真的感觉。

此行，最让我感到兴奋的是，赶上了“那达慕”大会。在蒙语中，“那达慕”意为“娱乐”或“游戏”，是蒙古族传统的节日，每年夏季7月或秋季举行。那达慕大会有着悠久的历史。过去那达慕大会期间要进行大规模祭祀活动，喇嘛们要焚香点灯、念经颂佛，祈求神灵保佑、消灾消难。如今的“那达慕”已成为集娱乐、体育、经济、文化于一体的综合性草原盛会，有摔跤、赛马、射箭、赛布鲁、套马、下蒙古棋等民族传统项目，有的地方还有田径、拔河、排球、篮球等体育竞赛项目。此外，那达慕大会上还有武术、马球、骑马射箭、乘马斩劈、马竞走、乘马技巧运动、摩托车等精彩表演。参加竞走的马，必须受过特殊训练，四脚不能同时离地，只能走得快，不能跑得快。

夜幕来临，人们燃起熊熊篝火，牧民们为我们表演了精彩的文艺节目，他们围着篝火翩翩起舞，放声歌唱，尽情欢乐。他们以最大的热情欢迎着远方来的客人，一路的疲劳也随着畅饮和欢歌而无影无踪。

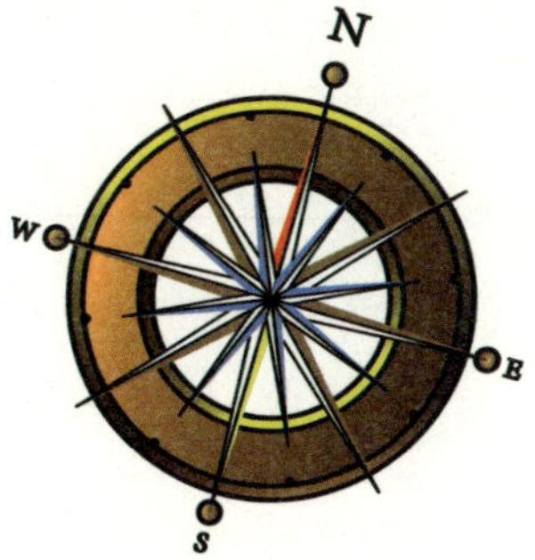

海外别有一洞天
——日月潭

★必去理由 台湾八景中的“绝胜”，其自然风姿可与杭州西湖相媲美

★适宜季节 四季皆宜 ★适宜人群 钟情于海岛风光的旅行者

我们经常听说的“双潭秋月”的美景指的就是我国台湾省的“日月潭”。日月潭坐落在我国台湾省阿里山和能高山之间的南投县水社村，自古就有“海外别一洞天”之称，不仅是台湾省的第一明珠，也是我国最著名的旅游胜地之一，可与杭州西湖相媲美。

日月潭名字是和潭中一个叫“拉鲁岛”的小岛有关的。拉鲁岛又称为“珠子岛”“水社岛”，拉鲁岛东北面的湖面很圆，比太阳还圆，所以就叫日潭；拉鲁岛西南面的湖面犹如一弯新月，称为“月潭”，两潭并称为“日月潭”。

古老的传说

走近日月潭，你很容易就会被那里的美丽传说感动。

传说在很久以前，有一对恩爱的夫妻，男的叫大尖，女的叫水社。他们二人恩恩爱爱在这里生活。可是有一天他们美满的生活遭遇了麻烦，因为天上的月亮和太阳被附近湖里的龙公和龙母吃掉了。天上没有了太阳和月亮，地上到处都是一片漆黑，庄稼枯死了，周围的很多人也都慢慢地死掉了。大尖和水社实在不忍心看着周围的父老乡亲遭受如此大的痛苦，于是他们下定决心要把太阳和月亮抢回来。在经历了连他们自己都难以想象的困难之后，夫妻终于找到了能制服龙公和龙母的金斧头和金剪刀。在金斧头和金剪刀的帮助下，他们也最终从龙公和龙母那里把太阳和月亮抢了回来。

太阳和月亮回来了，世界又恢复了原样，草也绿了，花也开了，庄稼也复活了。可是勇敢的大尖和善良的水社为了把太阳送上天上，大尖变成了一座高山，水社变成湖里的一个小岛。人们为了纪念他们，就把大尖变成的高山叫做大尖山，也就是今天在日月潭旁边的大尖山；人们把水社变成的小岛改称为水社岛，也就是今天在日月潭中间的水社岛。后来又经过很多时间，从大尖山上流下来的泉水就像当年勇敢的大尖那厚厚的臂膀一样把水社岛团团地怀抱起来形成了一个大湖。

⊙ **日月潭夜景**

大尖哥和水社妹的故事为日月潭的美景添加了几分浪漫气息。日月潭在美丽传说的衬托之下变得更加妩媚动人！

风景如画的日月潭

说到日月潭的风景，凡是到过日月潭的人无不心生赞叹，尤其是它“双潭秋月”的美景，据说早在清朝甚至更早的时候，“双潭秋月”就已经蜚声中外。当地人形容日月潭的景色为“万山丛中突现明潭”，真可谓是一语中的。日月潭周边全都是常年郁郁葱葱的高山。在高山的簇拥之下，日月潭显得湛蓝清澈，远远望过去犹如一面明镜。水在山的怀抱中，山倒映在水中，真是水中有山，山中有水。难怪清朝诗人曾作霖游过日月潭之后会发出这样的感慨：“山中有水水中山，山自凌空水自闲。”

还有诗曰“青山拥碧水，明潭抱明珠”，也是极贴切的。这其中的

⊙ 日月潭夕照

青山、碧水自不必再细说，而所谓的明珠指的就是日月潭中间的水社岛。这个美丽的小岛犹如传说之中的水社妹一样娴静秀美。

在古老的祖国大地上，日月潭就像一个时时都闪耀着光芒的明珠。美丽的自然风光和悠久的人文传统的巧妙融合让这个千年古潭越来越具有魅力。

文武庙

文武庙坐落在日月潭北边的山腰上，有大约70多年的历史，今天已经成为每一个游日月潭的旅客的必去之处。文武庙的“文”和“武”分别寓指“崇文”和“重武”，庙内主要奉祀的是孔子、关帝和岳飞，另外还有神农大帝、文昌帝、三官大帝、玉皇大帝等神。文武庙外表非常壮观，它常年烟雾缭绕，犹如仙境。从山下拾级而上要

经过365个台阶才能到达文武庙，你不会被这365个台阶所吓倒吧！但只要你能登上文武庙，站在文武庙上，你就能从高处俯瞰日月潭的全景。想象一下，整个日月潭全都在你眼里的时候，你又是一番什么样的感受呢？正所谓：不到文武庙，怎知日月潭？

月老庙

沿着日月潭风景区游客中心向水里方向前进，在大约两千米开外的地方，我们就能发现巍然屹立的月老庙。月老庙原来是在潭中央的拉鲁岛上的，自古以来就是无数善男信女祈求好姻缘的场所，但是在1921年的大地震中，月老庙毁于一旦。震后，当地有关人士将月老庙移至这里，重建后的月老庙非常壮观，已成为日月潭风景区最著名的景点之一。

⊙ 台湾日月潭

全世界最大的珊瑚礁群
——大堡礁

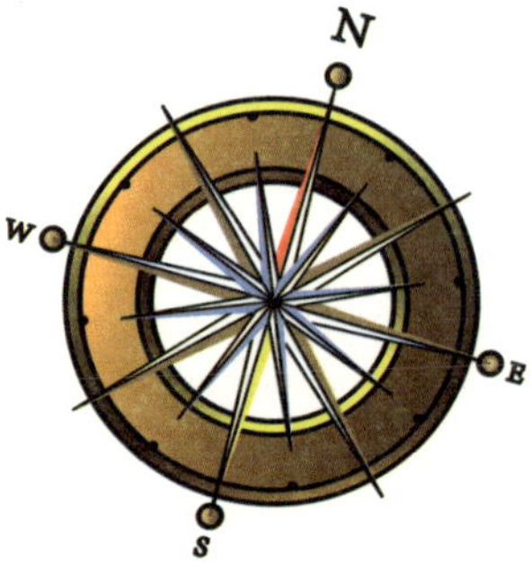

★必去理由 大海之美的完美诠释者

★适宜季节 四季皆宜 ★适宜人群 热爱蓝天碧海和喜欢观赏鱼类的人士

大堡礁风光旖旎，是最著名的天然奇景之一。1981年被联合国教科文组织列入《世界文化遗产名录》，为世界七大奇观之一，也是澳大利亚最引以为豪的天然景观。

大堡礁位于太平洋珊瑚海西部，北面从托雷斯海峡起，向南直到弗雷泽岛附近，沿澳大利亚东北海岸线绵延2000余千米，分布面积共达20.7万平方千米。北部排列呈链状，宽16～20千米，南部散布面宽达240千米。共有大小岛屿600多个，其中以绿岛、丹客岛、磁石岛、海伦岛、哈米顿岛、琳德曼岛、蜥蜴岛、芬瑟岛等较为有名。

这个世界上最大的礁岩体，是距今1.5万年前的珊瑚一点点长成的。珊瑚海的水温适中，海水含盐度和透明度均很高，非常适宜珊瑚礁的生长发育。在这种情况下成长起来的大堡礁的厚度达220米（一般最大厚度为80米），堪称世界上最厚的珊瑚体。这里的珊瑚五颜六色，形态各异，婀娜多姿，分外妖娆。红的、黄的、蓝的、橙的、紫的、绿的珊瑚在清澈的水下世界里争奇斗艳，美不胜收。堡礁大部分没入水中，低潮时略露礁顶。从上空俯瞰，礁岛宛如一颗颗碧绿的翡翠，熠熠生辉，而若隐若现的礁顶如艳丽花朵，在碧波万顷的大海上怒放。

⊙ **大堡礁**

潜水圣地

最好的大堡礁之旅当然是直接潜入水中，与美丽的珊瑚和各种海洋生物做一次亲密接触。沿大堡礁散布着大量的潜水胜地。大堡礁沿岸小镇、各岛屿别墅上，几乎都开设了“潜水”项目或“用通气管或呼吸器潜航”的短期训练班。学成之后，游客们便可凭借导游所提供的面具、水下呼吸器等设备，体会在海下与鱼蟹共舞的滋味。潜水和服务机构提供日间和全天候的潜水旅游路线以及全套设备、所需食宿和针对初、中、高级潜水者的专门服务。花70澳元租一套潜水服，潜入水中，与色彩斑斓的珊瑚鱼群共泳，真是如诗如画，快乐无比。那是人生的一次美妙经历：如同假山、石林一样的珊瑚礁上，美丽的珊瑚如百花盛开；那各色彩鱼从你身边、指缝飘过，还有海星、海蟹、海葵、海蚌点缀其间。身披红绿彩带的鹦鹉鱼在吞咬珊瑚；水晶般透明的喇叭鱼在水面忽东忽西；轻盈细小的雀鳃鱼竟敢咬你的手；神色傲慢的大海龟在陌生人面前也毫不恐慌。水下的珊瑚世界，在阳光照射下，红、黄、蓝各色绚丽多彩，或树枝状、或人脑形、或如柳条、或如花朵，千姿百态，令人神往。

热带鱼缸

在这水下世界的珊瑚百花丛中，栖息着1200多种鱼类。有海蛰、管虫、海绵、海胆、海葵、海龟，以及蝴蝶鱼、天使鱼、鹦鹉鱼等各种热带观赏鱼。各种多彩多姿的热带鱼类在珊瑚礁的罅隙之间穿来插去，嬉戏觅食，宛如恋花的彩蝶，翩翩起舞，五光十色的各种贝类，把这斑驳

⊙ 水下世界

陆离的海洋世界点缀得更加迷人。

在海中观景，是最近距离接触珊瑚礁的一种欣赏方式。游客一般有三个选择去欣赏海底世界里千姿百态的珊瑚、五彩缤纷的热带鱼、海螺、海参等。一是乘坐双层双底的玻璃底船游弋于珊瑚礁上，船的底部镶着透明的有机玻璃，透过船底，领略不尽海洋世界的神奇；二是乘坐潜艇，在珊瑚礁中穿行，到达珊瑚礁的深处一饱眼福；最后就是亲自潜水，穿梭于珊瑚中，与鱼儿共泳。大堡礁的海底世界是一部无声但热情洋溢的交响曲，虽不能听亦不能唱，但人生奇妙的感受尽在不言中。乘坐直升飞机盘旋于空中俯瞰大堡礁奇观及礁岛美景，又是一种更精彩的欣赏方式。大堡礁海域的特点可用一个“清”字概括，海水清澈，天空清湛，海风清爽。坐在飞机上纵观层次清晰的大堡礁，这种美妙的感觉

⊙ **大堡礁**

尤为明显。从空中俯瞰，犹如欣赏一个巨大美丽的热带鱼缸。绿岛纯白的沙滩、郁郁葱葱的树木，宛如一颗颗碧绿的翡翠。清澈的海水使能见度很高，可达水下15米。湛蓝透明的大海仿佛一块巨大的蓝宝石，让人流连忘返。

种类繁多、数量巨大的海洋生物与陆地上的各种鸟类组成了独特的生物群落，使得大堡礁成了一座名副其实的海上花园，绚丽异常，千姿百态，蔚为壮观。1979年，澳大利亚建立了大堡礁海洋动物园管理处，划定一些保护区，积极发展旅游业，旅游者可在礁岛上居住或搭帐篷，在此钓鱼、采贝、潜水等。甚至可乘坐玻璃底快艇潜入深海领略珊瑚礁的天然奇景。这里有365天醉人的阳光，有沁心润肺的新鲜空气，有湛蓝发光的大海，还有各种美丽神奇的热带鱼类，吸引着世界各国的游客来此猎奇观赏。